朝日新書
Asahi Shinsho 889

昭和史研究の最前線

大衆・軍部・マスコミ、戦争への道

筒井清忠 編著

朝日新聞出版

はじめに

2022年7月8日、安倍晋三元内閣総理大臣が銃撃され死亡した。元総理の暗殺は二・二六事件以来だった。日本の内外で起きる最近の一連の出来事はますます昭和戦前の日本を想起させることが多い。それらは現代といかなるつながりを持ったものなのか。それだけに正確な昭和史像を求める良識ある読者の声はますます強くなっているとも言えよう。

こうした歴史への意欲の高まりは大変好ましいことなのだが、現在、刊行されている昭和史書のなかには、不正確な叙述により、良識ある人々の眉をひそめさせるようなものも少なくないことは事実である。そこで、これを是正するため、信頼できる資料に基づいた着実な実証的研究の最新の成果をまとめた昭和史書を刊行することにした。これが本書刊行の第一の趣旨である。

一方、コロナ禍によってとくに現れた現代日本の政治・社会の特質として、戦前以来の大衆・世論の強い圧力＝「同調圧力」という問題がある。「同調圧力」というのは大衆社会において現れるものであるが、昭和戦前の日本の政治・社会の基底には極めて強い大衆社会化の圧力があり、それは多くの事件に見られたのであった。しかし、これまで十分にそれらが検討されてきたとは言いがたい。そこで、本書では、この点を重要な要素として取り込んで昭和史を見ていくことにした。これが類書にない本書の第二の特色ある内容となる。

すなわち、正確な資料・叙述により、大衆が政治・社会を動かしていったという真実を初めて明らかにした昭和史書、それが本書である。以下、本書の内容を紹介していこう。

まず第1章では昭和前期の軍部台頭の基本的背景であった、大正時代の後期から昭和初期にかけての軍縮時代の軍人と世論という問題を扱う。この時代、陸海軍ともに軍縮、端的にいえば軍人の大量馘首《かくしゅ》が行われ、軍人の社会的地位評価は非常に低いものとなったのだった。このことが満州事変以降の軍人の台頭に与えた影響は極めて大きいものがあったが、今なおその点は十分検討されているとは言えない。いわば軍人蔑視の同調圧力・大衆世論の圧力が軍人を急激に圧迫し、その結果今度はその反動として逆に満州事変以降の軍人の台頭と彼らを過度に持ち上げる同調圧力の社会へという転換が起こったのであった。この忘れられた重要な論点に鋭いメスを入れたのが第1章「『軍縮期』の軍人と世論――

軍国主義台頭の背景」である。

次に、大正末期に加藤高明内閣で普通選挙制度実施が決められ昭和初期には二大政党政治の時代が来る。しかし、それは期待されたものとは異なり、甚だしい政治の混乱をもたらすものであった。国会では乱闘が繰り返され、財閥・政商と結びついた疑獄事件が頻発し、権力を握った政党は内務省を中心とした官僚を動かし選挙に介入、当時「党弊」と呼ばれた弊害が引き起こされ続けたのだった。そしてそれが次の軍人台頭の一つの背景になってしまった。こうした普通選挙による政党政治の問題点を明らかにしたのが第2章「普通選挙と政党政治――疑獄・乱闘・『党弊』」である。

こうした政党政治の腐敗のなか、大正後期から労働者のための政党として無産政党が結成され、昭和初期には全体のなかでは少数であったが台頭し、多くの知識人の期待を集めることになった。しかし、その離合集散は激しく、結集は一筋縄ではいかなかった。例えば大杉栄を中心としたアナキズムの勢力は強く一時はボルシェビズム＝マルクス主義の陣営を凌ぐほどとなり、両者の対立＝アナ・ボル対立は激しかった。また安部《あべ》磯雄《いそお》ら穏健な議会政治主義をとる社会民主主義の力も強く、抗争は激化した。そしてなんとかまとまりのつきかけたときが軍国主義台頭の時代なのであった。その大正以来の多くの無産政党の結成から変転・挫折に至る流れと問題点を解明したのが第3章「無産政党の台頭と挫折」である。

大正期以来の軍縮は1930年にはロンドン海軍軍縮条約に至るが、ここで統帥権干犯《とうすいけんかんぱん》問題が起こり、軍縮に対する国家主義陣営の攻撃が始まった。結局ロンドン海軍軍縮条約は締結されるが、それに反対する陣営のマスコミを中心とした世論活動は「統帥権干犯」という用語からして（北一輝《きたいっき》は「中華料理屋の看板」と言ったという）いかにも大衆社会らしい現象として登場してきたのである。それを扱ったのが第4章「ロンドン条約・統帥権干犯問題」である。

大正以来、日露戦争で獲得した日本の中国国内の権益をめぐって、日中間では軋轢《あつれき》が深まっていた。日本から見ればそれは当時の国際法で認められた正当な条約上の権利であったが、ヴェルサイユ条約以降の民族自決権という流れからいえば中国にとっては容認できるものではなかった。

ついに1931年満州事変が勃発、戦火は拡大し満州国の成立に至る。その際、新しい伝送写真方式を利用した当時の新聞を中心としたマスコミがこれを圧倒的に支持しつつ報道したことは世論形成上大きい。しかし、戦後これが初めて明らかになり出したのは江口圭一「満州事変と大新聞」（『思想』1973年以降）であり、その実像はなお十分明らかにされているとは言えないであろう。事変そのものと同じくらい重要だったこの新聞等のマスコミの影響について第5章「満州事変」で知ることができよう。

こうして満州事変によって台頭した強力なナショナリズムの方向をさらに加速させたのが1932年の血盟団事件と五・一五事件であった。両事件によって平等主義的ナショナリズムの風潮は非常に強いものになるが、その際、重要であったのが翌1933年に過熱した五・一五事件に関する新聞報道であったことはまだあまり知られていない。その点を明らかにしたのが第6章「血盟団事件、五・一五事件――公判と世論」である。

満州事変によって国際連盟はリットン調査団を日本・中国・満州に派遣し調査が行われるが、結局日本は国際連盟を脱退することになる。しかし、国際連盟脱退のプロセスは単純ではない。その複雑なプロセスを明らかにする。ここにおいても新聞を中心としたマスコミ世論が極めて重要であり、松岡洋右《ようすけ》ら政府の判断に大きな影響を与えていったプロセスが第7章「国際連盟脱退」で明らかにされる。

同じ1933年、帝人事件と言われる大疑獄事件が起こり、次々に政界・官界・財界の要人が逮捕されていった。当時の統治体制に対する根本的な疑念を突きつけた事件であった。新聞などマスコミは徹底的に「特権階級」に対し批判的な報道を行ったが、裁判の結果、4年後に全員無罪となった。まったく無根拠のマスコミ報道によって作り出された「大事件」であった。その全容を明らかにしたのが第8章「帝人事件」である。

五・一五事件につながる青年将校のクーデター事件が1936年の二・二六事件である。二・二六事件に大きな影響を与えた北一輝の『日本改造法案』は大正以来の平等主義的ナショナリズムの一つの頂点をなすものであった。その人権を説く平等主義の主張が結局は、昭和恐慌下農村の救済などを求める青年将校たちによるこの事件を引き起こしたのであった。しかし、天皇周辺や将軍・中堅幕僚の動きなど事件の構造はそれほど単純ではない。この事件の全容を明らかにしたのが第9章「二・二六事件」である。

満州事変後、塘沽《タンクー》停戦協定によって一旦は落ち着いていた日中関係も1937年盧溝橋《ろこうきょう》事件などを契機にして本格的な戦争に至る。盧溝橋事件の後、現地では事件は一旦収束に向かったにもかかわらず、その後の廊坊《ろうぼう》事件などによって事変は拡大し結局全面戦争になってしまう。その際も、マスコミの好戦的報道は極めて重要な役割を果たしており、トラウトマンによる和平工作もマスコミにあおられた国民の強い世論のために成功には至らなかったのである。その過程を明らかにしたのが第10章「日中戦争——勃発と拡大」である。

日中戦争が拡大した結果、日本は泥沼の戦争に追い込まれたが、折からヨーロッパではヒトラーのナチス第三帝国が同地を席巻《せっけん》した。これにより新しい世界史的展開が見られたと考えた松岡洋右らによって1940年三国同盟が締結される。この、日本を枢軸側に引き寄せ太平洋戦争開戦に大きな影響力をもたらした同盟締結も世論の大きな力によるものであるが、そこに至る日本の世論を明らかにしたのが第11章「三国同盟・ヒトラーと日本世論」である。

この時期、ヨーロッパにおけるヒトラーの圧倒的勝利を新聞・マスコミ世論が大々的に宣伝していくなか、近衛文麿《このえふみまろ》による新体制結成という強力な世論が形成され、大政翼賛会が作り出されていく。そのプロセスを明らかにしたのが第12章「近衛新体制と大政翼賛会」である。

こうしたプロセスのなか、解決の兆しの見えない日中戦争はいっそう泥沼化していく。そして、中国をめぐるイギリス・アメリカと日本の関係は1938年の天津《てんしん》租界封鎖事件などを契機に悪化していくが、そのプロセスは簡単ではなかった。とくにマスコミにおいて反英論は高揚しても必ずしも反米論に至ったわけではなかったことは重要である。ではどのようにしてそれは反米論に至り日米開戦に至るのか。この時期におけるイギリス・アメリカに対する日本世論の変化を明らかにしたのが第13章「日中戦争をめぐる反英米論の展開」である。

そしてついに日米交渉を経て太平洋戦争開戦に至る。その開戦決定のプロセスにおいて、日米間には圧倒的な生産力差がありながらなぜ日本政府は開戦を選んだのか。当時一般の国民の間にこの国力差はどの程度認識されていたのか。そして、全体としてこの問題がどのように処理され開戦に至ったのか。とくにその際のマスコミの影響力に注視しつつこの問題を明らかにしたのが第14章「日米交渉と開戦」である。

以上を通じて、大衆世論の力を通して太平洋戦争に至るプロセスを実証的に明らかにするという本書の新しい視点は明快に提示された。正確な実証的成果に基づいた大衆世論から見た昭和史としての本書が多くの読者に読まれ、新しい昭和史の視点が広汎化されることを期待したい。

２０２２年10月

筒井清忠

昭和史研究の最前線

大衆・軍部・マスコミ、戦争への道

目次

図版／谷口正孝

第1章　「軍縮期」の軍人と世論――軍国主義台頭の背景

高杉洋平

忘却の記憶

戦後政治を代表する政治家の吉田茂《しげる》は、戦時中は親英米・自由主義者の元外交官として和平工作に参画し、憲兵隊に逮捕された経歴がある。そのため戦後の吉田は「軍人嫌い」で知られた。

その吉田は戦後の宰相時代、次のような感慨を記している。戦時中の弾圧には命の危険も感じたであろう人物の言葉としてなかなかに含蓄がある。「先日、イリア・エェレンブルグというロシアの文学者が、第一次世界大戦中に書いたという詩を読んだ所が、それには、戦争中のことを後世のものは、人々が砲声と弾丸の雨に怯えて暗い生活をしていたと思うだろうが、戦争中にもやはり花が咲き、人々はそれを見て喜びを覚えたのだ、というような意味のことが書いてあった。歴史上の大事件と言ったものは、皆そういうものではないだろうか」（高坂正堯『宰相吉田茂』）。

歴史とは我々の日々の生活の積み重ねの記憶（記録）である。しかし、すべての記憶が平等に後世に残されるとは限らない。吉田が言うように、「歴史上の大事件」が百年千年にわたって語り継がれる一方、その時代の「当たり前の日常」は案外すぐに忘れ去られてしまったりする。我々は忘却する生き物なのである。しかし「歴史上の大事件」が忘却された日常の蓄積のなかで起こるのだとしたら、その忘却の記憶を呼び覚ますことにも歴史的意義があろう。本章の目的もそこにある。

ところで吉田には次のようなエピソードがある。終戦後すぐ、外務大臣としてＧＨＱ（連合国軍最高司令官総司令部）総司令官ダグラス・マッカーサーに面会した吉田は、野蛮な全体主義国家の国民に民主主義を教えてやろうと意気込むマッカーサーに次のように釘《くぎ》を刺した。「十数年以前の日本の状勢又は第一次世界大戦後の世界の状況を見れは直ちにわかることとなるか当時は『デモクラッシー』か世界を風靡《ふうび》し日本に於《おい》ても『デモクラッシー』は極端と思はるる迄に進みたり政党政治も極端に迄進み当時軍人は勲章や剣を付けて汽車や電車に乗ることをも躊躇《ちゅうちょ》せり云はは軍と云ふものはなかりしなり」（江藤淳編『占領史録』上巻)。

これは一体どういうことであろうか。戦前、軍人は尊敬と畏怖の対象であり、一般国民を睥睨《へいげい》していたのではなかったのか。「軍人嫌い」の吉田をして「軍と云ふものはなかりしなり」と言わしめた時代とはいかなるものであったのだろうか。吉田の言う「第一次世界大戦後の世界」に遡ってみよう。

第一次世界大戦の衝撃

史上初の世界戦争であった第一次世界大戦（1914~18）は、従来の戦争概念を根底から覆すエポック・メイキングな事件であった。第一に、飛行機・戦車・毒ガスといった「新兵器」の登場や、大型火砲・機関銃の大量導入による大量殺戮戦争の幕開けである。戦争の惨禍は従来とは隔絶したものになった。例えば、日露戦争の戦没者は日露両国合わせて17万人であったが、これが第一次世界大戦となると戦没者は一気に100倍の1600万人以上に跳ね上がる。

第二に、新しい戦争形態「国家総力戦」の幕開けである。従来の戦争は軍隊と軍隊の戦いであり、戦争の勝敗は戦場においてつけられた。しかし、第一次世界大戦はあまりにも大規模化かつ長期化したがゆえに、勝敗の帰趨《きすう》は国家の総力によって決定されることになった。単なる軍事力のみならず、経済力・生産力・技術力・労働力・資源・宣伝・教育・芸術といったあらゆる「国力」が組織的に動員され戦争に傾注されることになった。

さて主戦場となった欧州から遠く離れていたがゆえに、本格的な戦闘経験を持たなかった日本であるが、新兵器と国家総力戦の登場は、軍部、とくに陸軍に衝撃を与えることになる。そのどちらの面でも、日本が欧米列強に大きく後れを取っていることが明らかになったからである。装備近代化（新兵器導入）と国家総動員体制確立（国家総力戦準備）は急務の課題となった。しかし、陸軍がこの新課題に着手しようとしたとき、思いがけない障害が立ちはだかることになる。「世論」である。

戦間期（両大戦間期）は一般に「大正デモクラシー」と呼ばれる時代風潮が広がった時代でもあった。大衆の政治的発言力は高まり、大正政変（1913年）や米騒動（1918年）のように、時の政権を覆すほどの政治的威力を示すようになる。1918年に初の本格的政党内閣である原敬《はらたかし》内閣が成立し、やがて立憲政友会・憲政会（民政党）が交互に内閣を組織する二大政党制が定着する。1925年には男子普通選挙法も制定された。国民世論の影響力はかつてないレベルで高まっていく。ではその世論の動向はいかなるものであったのだろうか。

第一次世界大戦はその悲惨さゆえに、戦争終結後には世界的な平和潮流を引き起こすことになる。平和が克復されたとき、世界の人々がこのような悲惨な経験は二度と御免だと考えたことはまったく自然なことであった。こうした風潮はさしたる戦禍を被らなかった日本にも伝播《でんぱ》し、平和主義とアンチ・ミリタリズム（反軍国主義）の時代風潮が広がっていく。

かくして形成された平和世論が、軍部が装備近代化と総動員体制確立を推し進めるうえで大きな足枷《あしかせ》となってくる。近代化にせよ総動員体制確立にせよ、それは予算や法律の裏付け、さらには程度の問題はあれ国民側の犠牲を必要とする。それは軍部の意志のみでは不可能であり、国民とその代表たる衆議院（政党）の同意が不可欠である。問題はその国民と議会が軍部の要求を受け入れるかどうかであった。

「軍縮期」の到来

「世論」の反応は軍部にとって厳しいものであった。折からの戦後不況と財政難の影響もあり、世論は逆に軍縮要求を突き付けることになる。装備近代化との板挟みになった陸軍では、やむなく世論に従って軍縮（人員・部隊の削減）を実行し、節減予算を転用することで近代化を実現しようとする。軍縮と近代化の両立である。陸軍は二度の軍縮（山梨軍縮1922〜23年／宇垣軍縮1925年）で合計10万人近い将兵の削減に踏み切った。

しかし、政党は節減予算の国庫返納を要求し、実際に近代化に転用できた予算は十分なものとは言い難かった。そもそも工業生産力が貧弱で人件費も安い日本では、予算転用型の近代化政策には限界があったともいえるだろう。近代化は陸軍の期待通りには進まなかったのである。しかも政党は二度の軍縮にも満足せず、さらなる縮小を要求し続けた。

軍縮要求は海軍にも指向された。国際的な海軍軍縮機運もあり、日本はワシントン海軍条約（1922年）・ロンドン海軍条約（1930年）を締結し、保有艦艇の大削減に踏み切った。こうして帝国陸海軍は明治建軍以来初の「軍縮期」を迎えることになる。

国家総動員体制の確立も一筋縄にはいかなかった。陸軍の強い働きかけにより、1918年にひとまず戦時の軍需工業統制を規定した軍需工業動員法が制定され、また同年には総動員準備機関として内閣に軍需局が設置された。しかし、その後の機構・法整備は遅滞し、諸外国に大きく後れを取ることになる。遅滞理由の一つは国家総動員への世論・政党の無理解と無関心であった。

近代化・総動員体制への国民・政党の冷淡さは、第一次世界大戦後の国際政治観に由来していた。多くの人々は大戦の原因を軍国主義と軍拡競争に見出していた。軍備の充実は平和の維持に資するものではなく、むしろ戦争の原因になると考えたのである。そこで人々は、国際平和維持機構たる国際連盟の設立と軍縮によって戦争は防ぎえるし、またそうしなければならないと考えた。

国防に備えることが戦争を招くのだとしたら、無残なのは軍人たちである。彼らは「国家の干城」から一夜にして「Warmonger」（好戦的な戦争屋）に転落してしまった。

軍人の受難

かくして「軍縮期」は「軍人蔑視の時代」ともなった。吉田が言うところの軍人が「勲章や剣を付けて汽車や電車に乗ることをも躊躇」した時代である。この時代の軍人の窮状は、太平洋戦争期の「軍人万能時代」の印象が強い現代人にはなかなかわかりにくい。

「軍人に抱く時代遅れで粗暴で野蛮という印象」は「軍縮期」を通して社会に広く蔓延し、「軍人に対する憎悪の目は、公衆の中でも遠慮なく注がれたので、軍人は制服を着用して外出することをいやがり、なるべく私服を着るようにした」。実際、都市では軍人が労働者から絡まれたり、人力車への乗車を拒否されるような事件も起きたという。新聞は「軍閥」と名指しで軍部批判を展開し、学校では教師が堂々と反軍国主義を説いた。当時は映画が児童と軍人は半額であったことの説明として「軍人か。ありゃ半人前だからだ」などという戯言《ざれごと》も交わされていたという。

軍縮が実行されると、軍人たちは経済的にも追い詰められていく。多くの軍人が職を失ったが、10代から軍隊一筋の生活を送ってきた彼らが新しい生計を確立するのは容易ではなかった。軍隊に残れた軍人も、毎年の人事異動のたびに馘首《かくしゅ》の恐怖に苛まれた。職業としての魅力が失われると、士官学校など各種軍学校の志願者は激減し、若い将校は結婚難にも苦しめられることになる（岡義武『転換期の大正』、筒井清忠『昭和戦前期の政党政治』、杉森久英『昭和史見たまま』、山本七平『昭和東京ものがたり』1）。

大正文壇を代表する作家の芥川龍之介は、ほとんど差別的と言ってもいいような辛辣《しんらつ》な軍人評を記しているが、当時はこんな内容が検閲削除もされずに発表されていたのである。

軍人は小児に近いものである。英雄らしい身振を喜んだり、所謂《いわゆる》光栄を好んだりするのは今更此処に云ふ必要はない。機械的訓練を貴《たっと》んだり、動物的勇気を重んじたりするのも小学生にのみ見得る現象である。殺戮を何とも思はぬなどは一層小児と選ぶところはない。殊《こと》に小児と似てゐるのは喇叭《らっぱ》や軍歌に鼓舞されれば、何の為に戦ふかも問はず、欣然《きんぜん》と敵に当ることである。

この故に軍人の誇りとするものは必ず小児の玩具に似てゐる。緋縅《ひおどし》の鎧《よろい》や鍬形《くわがた》の兜《かぶと》は成人の趣味にかなった者ではない。勲章も――わたしには実際不思議である。なぜ軍人は酒にも酔はずに、勲章を下げて歩かれるのであろう？

（芥川龍之介『侏儒の言葉』）

もっとも、当時は全国的な世論調査のようなものはないから、こうした軍人蔑視の世論が全国民的なものであったかには疑義もあろう。一般論として、都市部と農村、インテリと非インテリでは軍隊に対する感情にも相違があったであろうことは推測できるし、実際にそのような証言もある（飯塚浩二『日本の軍隊』）。

ただし、ここで重要なのは、実際に国民の何割が軍人蔑視で何割が軍人蔑視ではなかったかという数字の問題ではなく、その時代を象徴する「時代風潮」の問題である。この時代には、軍人を批判する公然たる言動が容認され、そうした態度を取ることが、なにか進歩的と思わせるような気分が社会に広がっていたこと、そしてそのことが軍人に深刻な危機感を与えていたこと（後述）は事実である。

ところで、戦後こうした軍人受難時代の実態について語られることは少なかった。研究者の間でも前述の岡義武氏や筒井清忠氏などの先駆的指摘を別にすれば、あまり正面から論じられてこなかった。後述するように、太平洋戦争期の「軍人万能時代」の記憶で上書きされ、忘れ去られてしまったのである。

軍人の反応

さて、こうした軍人蔑視の世論を当の軍人たちはどのように受け止めていたのであろうか。当たり前のことだが、軍人は世論に傷つき苦悶した。多くの軍人が身を縮め、腰を低くすることで自己防衛を図った。「こんな風に槍玉にあげられても、グウの音も出せないほど、当時の軍人が無気力、卑屈、かつ自信喪失の状態におちいっていた」（杉森久英『昭和史見たまま』）。

軍人のなかには、世論に対して激しい怒りを向ける人々もあった。「われわれは涙を飲まんばかりにして、臥薪嘗胆《がしんしょうたん》を誓い合った」（土橋勇逸『軍服生活四十年の想出』）。彼らは国民の不心得をなじり、世論の如何にかかわらず、軍人としての矜持《きょうじ》を堅持しようと硬化した。

他方、世相への極端な適応（迎合）を示す軍人も出現する。マルクスやレーニンを読み漁る将校、『『民本主義』とか『民主主義』というような薄っぺラな本で赤表紙のパンフレット」を「軍服のポケットに入れて伊達にして歩いている」将校、果ては軍隊を辞めて共産党の地下活動に沈降する将校まで出現する（日本近代史料研究会編『稲田正純氏談話速記録』、大蔵栄一『二・二六事件への挽歌』、川合貞吉「或る革命家の回想」）。

いずれにせよ、世論に対するこうした反応の表れ方は、それぞれが明確に対立するものではなく、恐らく一人の軍人のなかに複数の反応が複雑に共存していたのだろう。「軍縮期」を通じて、軍人たちは深刻なアイデンティティ・クライシスに陥っていくのである。

さて、こうした事例は個々の軍人のものだが、当然ながら組織としての軍隊の反応もあった。軍隊も世論に対して手をこまねいていたわけではない。軍隊、とくに陸軍は、徴兵制を通じて国民・社会一般と濃密なつながりがあり、世論動向を無視はできなかった。そして第一次世界大戦後の国家総力戦概念の登場が、陸軍の危機感に拍車をかけた。総力戦の遂行には国民の自発的協力と献身が必要不可欠であり、その国民に反軍世論が広がっていることを深刻に受け止めていたのである。「軍縮期」を通じて、陸軍は積極的な国民世論対策に乗り出すことになる。皮肉なことに、反軍世論の拡大が、陸軍に国民教化の必要性を理解させたのである。

国民教化の試み

国民教化の手段の一つとして導入されたのが、学校配属将校制度である。制度の内容は時期によって多少違いがあるが、基本的には、中学校（旧制）以上の官公立学校に現役将校を派遣し（私立学校は任意）、学生（生徒）に軍事教育・教練を義務付ける代わりに、規定の課程を修了して試験に合格した学生に対しては、在営（徴兵）期間の短縮や幹部候補生（士官または下士官）としての召集特権を付与するというものであった。この制度は、①総力戦の時代に予想される戦時の下級将校不足を補い、②軍縮で余剰となった将校を救済し、③国家の指導者層となる「学歴エリート」に軍事知識を普及して軍隊に対する理解を深化させる、という一石三鳥の妙案として考案された（国民の大半が高等小学校以下で学歴を終える当時にあって中学校卒は高学歴の範疇《はんちゅう》に入った）。

同制度に対する陸軍の期待は高く、初期の配属将校は人格・見識に富む人物から選考された。また校内においては校長の指導下での活動が規定されるなど、配属校に対する配慮も払われた。

しかし、この配属将校制度は、前述①②の目的はともかくとして、③の目的に関しては、陸軍当局の期待に適《かな》ったとは言い難い結果となる。まず将校たちは学生からも他の教員からもまったく歓迎されなかった。彼らは招かれざる「闖入者《ちんにゅうしゃ》」であり、教員からは「仲間はずれ」に、学生からは馬鹿にされた。単調で受動的な軍事教練が学生に嫌われたのも無理からぬところではあったろうが、軍事教練はときに公然たる反抗やサボタージュの対象となった。反抗的な学生は教練にわざと下駄ばきで参加したり、喫煙しながら銃の手入れをしたりした。野外演習に出かけたまま銃を放置して帰ることもあったという。こうした反発に対して配属将校はときに卑屈に低姿勢となり、ときに感情的に威丈高となった。その反応が余計に学生の侮蔑と反感を買った。昭和初期に学生として配属将校制度を経験した山本七平の実感によれば「配属将校の存在は逆に『軍人ぎらい』『軍部ぎらい』を生じさせた」という（山本七平『昭和東京ものがたり』2、杉森久英『昭和史見たまま』、中島欣也『破帽と軍帽』）。

配属将校制度ではないが、軍部の学歴エリートに対するアプローチが大失敗に終わった典型的な例として早稲田大学軍事研究団事件（1923年）がある。もともと早稲田大学には体育会系学生団体として乗馬学生団という組織が存在しており、軍馬の貸借を介して陸軍とつながりがあった。この乗馬学生団を母体とし、青柳篤恒《あおやぎあつつね》教授を団長として組織された学生団体が軍事研究団であり、軍事研究や軍隊での訓練体験などを計画していた。団長の青柳は中国学者であったが、かねてリベラリズムと現実的平和主義の観点から軍隊の民主化と志願兵制度の導入を持論とし、またそのためには国民による主体的軍事研究が必要と考えていた。この青柳の思想からもわかるように、軍事研究団は「国民的国防の実現、実質的軍備縮小の第一踏歩」として企画された組織であり、単純な軍国主義的企画ではなかった。

とはいえ、この軍事研究団の企画は陸軍にとって願ってもないことであった。反官・反軍意識の強いことで知られていた早稲田大学で自発的にこの種の団体が組織されたことは画期的なことであり、5月10日の発会式には、陸軍次官白川義則・近衛師団長中島正武・第一師団長石光真臣《いしみつまおみ》の3中将をはじめとした高官が来賓として参列し祝辞を述べた。

しかし、発会式は悲惨なものとなった。発会式場には同団結成を軍国主義の大学への浸蝕と見なした左翼系学生が詰めかけ、「人殺しの仲間入りをする奴が何が模範だ」「学生は人殺しを学ぶべきものか」「青柳の馬鹿、はぢを知れ」と猛烈に野次を飛ばした。左翼学生の攻撃は来賓の軍高官にも向けられ、「学生の学校に人を斬る剣をさげたものを誰が入れた」「つまみ出せ」「貴様の勲章からわれわれ同胞の血がたれてゐるぞ」と罵詈《ばり》雑言《ぞうごん》が浴びせられた。発会式は大混乱に陥り、結局、軍事研究団は騒動の責任を取る形で自主解散に追い込まれることになる（早稲田大学大学史編集所編『早稲田大学百年史』三巻）。

このように、軍事知識を学歴エリートに普及し、国防への理解者を増やそうとした軍部の試みは無残な失敗に終わった。もちろん失敗の背景には、やり方の拙劣さや、そもそも一般学生に軍事教練を課すことの是非といった問題もあるであろう。同時に、学生側の反発にも非論理的で感情的、差別的な側面があったことを見逃してはならないだろう。そして軍隊側が国民の軍事理解を切望したこの時期は、軍人と学歴エリートの相互理解のチャンスであり、軍事という従来閉ざされてきた世界に、学歴エリートが参画する好機でもあった。見方によっては、学歴エリートは軍事を「管理」する機会を自ら放棄したのである。

陸軍の宣伝活動

国民教化の試みは、学歴エリートに対してのみではなく、より社会全般、一般大衆にも向けられた。総力戦たる第一次世界大戦は宣伝の戦いでもあった。国内外の世論誘導は戦争継続に不可欠であり、各国はプロパガンダ戦争を繰り広げた。

1919年、我が国でも陸軍省に新聞班が設置され、本格的な宣伝対策が開始される。陸軍の宣伝政策に関しては近年まとまった論考が発表されており、その研究を参考に概観してみたい。

陸軍の宣伝政策の大きな特徴は、急速に商業化しつつあったメディア（新聞・雑誌・映画・ラジオ）との連携による「大衆娯楽型」宣伝であったことである。その象徴が1924年に新聞班長に就任し、6年半にわたって同職を務めた桜井忠温《ただよし》である。

桜井は日露戦争の戦場経験をもとにした世界的ベストセラー小説『肉弾』で知られる作家でもあり、大衆心理の特性を熟知していた。桜井は、軍事問題を政治的論争から切り離し、軍事そのものをエンターテインメント化することによって大衆に浸透させようとする。具体的には、新興メディアである映画に注目し、国策娯楽映画の製作・公開を後援してヒットさせる。また形骸化していた陸軍記念日（日露戦争奉天《ほうてん》会戦戦勝記念日。3月10日）の祝典を、民間企業と協力することで国民的娯楽イベント化しようとする。桜井自身も新聞や雑誌に旺盛に執筆した。

またこうした「大衆娯楽型」の宣伝方式とセットになっていたのが、一般大衆の愛国心に訴えかけるナショナリズム喚起型の宣伝であった。「軍縮期」は第一次世界大戦から満州事変期までの「平和の時代」であるが、山東出兵など軍事紛争が皆無であったわけではない。大きな政治問題になった山東出兵であるが、陸軍は出兵そのものの是非に関するような中央政治の論争からはできるだけ距離を取りつつ、国民の愛国心や同胞愛に訴えかける広報を展開する。そして勇壮な戦場記録映画の製作・公開に協力することで、国民のナショナリズムを喚起して、陸軍への支持を調達しようとする。また満州権益を国民の血で贖《あがな》った神聖不可侵の権利であるとする宣伝もこの頃から盛んに行われるようになる（藤田俊『戦間期日本陸軍の宣伝政策』）。

こうした試みが国民の対軍世論改善にどの程度の効果があったかは即断を避けたい。後述するように、対軍世論の転換点を満州事変とする同時代人の証言は多い。陸軍宣伝に一定の効果はあったにせよ、国民世論を劇的に変化させるほどの決定的役割を果たしたとまでは言い難いのではないか。しかし、陸軍の試みた宣伝路線は、真面目な軍事的・政治的啓蒙というよりは、軍事の安直な娯楽消費や過剰なナショナリズム喚起につながりかねない危険性を持っていた点で興味深い。それが満州事変を契機とした国民世論の急激な変化を予言する面があるからである。

戦争と国民世論

満州事変（1931年）の勃発は「軍縮期」の平和主義、アンチ・ミリタリズムの風潮を一掃した。商業メディアは軍隊の活躍を華々しく伝え、新聞は飛ぶように売れた（筒井清忠『昭和戦前期の政党政治』）。娯楽に飢えた国民は戦果に熱狂し、世間にはナショナリズムが横溢《おういつ》した。

戦争は軍人の地位も一変させることになる。「満州事変が起り、二・二六事件が起り、日華事変が起る。すべて主役は軍人である。きのうまで、町へ出ると人殺し商売と呼ばれ、肩をすぼめて歩いた軍人たちが、大手を振って舞台へ出て来たのである」（杉森久英『昭和史見たまま』）。ある軍人は言った。「これを以《もっ》て今日迄の軍部受難時代は一掃され、皇軍飛躍時代の第一歩は雄々しく踏み出されたのである」（桑木崇明『陸軍五十年史』）。

こうなると軍人にとって戦争は「解放」ともなりえる。馬賊や中国軍相手の低危険度の戦いならば、それは国民の賞賛と「勲章」を得て、平時には望みもできなかった高位高官へと出世するチャンスですらある（もちろん彼らがそれを公言することはないが）。

かくして「軍人受難の時代」は夢の如く過ぎ去り、「軍人万能時代」へと転じた。教員連の末席で小さくなっていた配属将校は校長を震えあがらせる権威者となり、退役軍人はナチス風の腰のしまった「ニュースタイル」軍服を新調し「得意そうに歩き回った」（杉森久英『昭和史見たまま』、山本七平『昭和東京ものがたり』2）。芥川の軍人評も伏字処分となって本屋から消える。

もちろん、戦争が国民の愛国心を鼓舞すること、それに伴って軍人の株が上がることは国や時代の違いを超えて一般的な現象ではあろう。しかし、我が国の場合はそのギャップがあまりにも極端であったように思われる。平和な時代であれ戦争の時代であれ、軍事の持つ政治的意義は本質的に変わるものではないはずである。国民世論の余りにも極端な変化は、国民の「親軍感情」が軍事や国防に対する真の理解から発せられたものではなく、単なるナショナリズム感情やお祭り騒ぎに由来するにすぎなかったことを示している。それは「軍人蔑視」の精神構造と実は同一の根っこに由来するものなのかもしれない。「やみくもの感情的排撃とやみくもの礼讃は表裏一体のもの」（筒井清忠「大正期の軍縮と世論」）なのである。

そして、下げられたり上げられたりして座の落ち着かない当の軍人たちは、この国民心理の軽薄さを本能的に感知していたように思われる。彼らは国民の変節に感謝はしなかったし、「軍縮期」の屈辱を忘れることもなかった。

戦時中、出版関係者から接待を受けた陸軍報道部長の「M大佐」は、かつて新聞記者が陸軍大臣の「肩をたたいてまるで友だちづきあいのような口」をきき、自身も国会議員の接待に明け暮れた日々を「実に不愉快だった」と回想し、「新聞記者もいい時代があったね」と嫌味を言った。ある同時代人は、昭和の軍国主義の背景に「永年にわたって軽蔑され、無視され、のけ者にされて来た軍人の、つもりつもった怨恨の感情がこめられていなかったといえるだろうか?」と感慨している（辻平一『文芸記者三十年』、杉森久英『昭和史見たまま』）。いつの時代も人間は感情の生き物なのである。

そしてこうした「怨恨」の最大の標的となったのが「学歴エリート」たちであった。日本ほど学歴エリートが戦争に非協力的だった国はないし、また国家（軍部）が学歴エリートを信用せず、その能力を活用しようとしなかった国はないと言われる。満州事変で軍隊に対する国民世論は大きく転換したが、旧制中学以上の高等教育機関における「軍人蔑視」の気分は、日中戦争~太平洋戦争中も根強く残っていたらしい。一方で、従前は控えめだった「配属将校の態度はしだいに倨傲《きょごう》になり高圧的になり」、両者が感情的に衝突する場面も頻発する（秦郁彦『旧制高校物語』、山本七平『昭和東京ものがたり』2）。

戦争末期に二等兵として召集された政治学者の丸山眞男は、陸軍軍人の学歴エリートに対する心理を「表立っては軽蔑するが、内心は畏怖を感じる」と分析している（飯塚浩二『日本の軍隊』）。「畏怖」という表現自体に学歴エリート丸山の軍人に対する優越感・侮蔑意識が見え隠れするし、軍人の方でも学歴エリートをせいぜい「役立たず」か、むしろ「潜在的敵性人種」とすら見なしていたことがうかがえる。対米英大戦争のさなか、軍人と学歴エリートは精神的暗闘を続けていた。

そして軍部は学歴エリートを使い捨ての下級将校・下士官として前線に大量動員し、あまつさえ、東京帝国大学助教授の陸軍二等兵を生み出すことになるのである。

〔参考文献〕

芥川龍之介『侏儒の言葉』（文藝春秋社、1927年）
桑木崇明『陸軍五十年史』（鱒書房、1943年）
辻平一『文芸記者三十年』（毎日新聞社、1957年）
川合貞吉「或る革命家の回想」『昭和戦争文学全集』別巻（集英社、1965年）

日本近代史料研究会編『稲田正純氏談話速記録』（日本近代史料研究会、1969年）
岡義武『転換期の大正』（東京大学出版会、1969年）
大蔵栄一『二・二六事件への挽歌』（読売新聞社、1971年）
杉森久英『昭和史見たまま』（読売新聞社、1975年）
高坂正堯『宰相吉田茂』（中央公論社、1978年）
土橋勇逸『軍服生活四十年の想出』（勁草書房、1985年）
中島欣也『破帽と軍帽』（恒文社、1987年）
早稲田大学大学史編集所編『早稲田大学百年史』三巻（早稲田大学出版部、1987年）
江藤淳編『占領史録』上巻（講談社学術文庫、1995年）
筒井清忠「大正期の軍縮と世論」『近代日本文化論』十巻（岩波書店、1999年）
飯塚浩二『日本の軍隊』（岩波現代文庫、2003年）
秦郁彦『旧制高校物語』（文春新書、2003年）
山本七平『昭和東京ものがたり』1・2（日本経済新聞出版社、2010年）
筒井清忠『昭和戦前期の政党政治』（ちくま新書、2012年）
藤田俊『戦間期日本陸軍の宣伝政策』（芙蓉書房出版、2021年）

第2章

普通選挙と政党政治──疑獄・乱闘・「党弊」

奈良岡聰智

「党弊」から見る政党政治

1890年に第1回帝国議会が開会して以来、日本では政党の影響力が増し、立憲政治が定着していった。明治後期から大正期にかけて有権者は漸次増加し、1925年の普通選挙法成立までの36年間で有権者数は約30倍に増加した。日本は非西洋における民主化のフロントランナーであり、世界史的に見れば比較的順調に民主化を進めることに成功したと言えるだろう。

しかし、そこには「光」だけではなく「影」の部分もあった。普通選挙法と同時に制定された治安維持法が象徴しているように人権保障には限界があり、学問や報道の自由に対する制約も小さくなかった。また、普通選挙とはいっても女性は疎外されており、英国、米国などの諸国とは異なり、日本では女性参政権の実現には至らなかった。

これらと並んで、政党が腐敗し、党派的人事や疑獄事件が相次いだことも、政党政治の「影」の一つであった。このいわゆる「党弊」（政党の弊害）の問題は、日清戦争後に政党が政権運営に参画するようになって以来の懸案だったが、政党政治が全盛期を迎えた大正末期から昭和初期にかけて、とりわけ大きな問題となった。「党弊」は政党政治が崩壊し、軍部が台頭する原因の一つだったと言っても決して過言ではない。

従来からこの時期の政党政治に関する叙述は、「党弊」問題に着目しながら行われ、近年はそれとポピュリズムを結びつけて分析した研究もなされている（筒井清忠『戦前日本のポピュリズム』）。また、議会制・政党制の進展、男子普通選挙導入に伴うこの時期の選挙のあり方の変化についても、研究が進んでいる（村瀬信一『帝国議会』、玉井清『第一回普選と選挙ポスター』、季武嘉也『選挙違反の歴史』）。本章ではこうした最新の研究を参照しつつ、当時「党弊」として認識されていた様々な問題とその影響を整理し、それらを政党内閣期（1924〜32年）の政治展開のなかに位置づけることで、二大政党政治崩壊の原因の一端を探ってみたい。

政党内閣期とは、1924年に第二次護憲運動による護憲三派内閣（第一次加藤高明内閣）が成立してから、1932年の五・一五事件によって犬養毅《いぬかいつよし》内閣が終焉するまでの時期を指す。この時期に政党政治が発展するための大きな制度的枠組みができるうえでは、それに先立つ「初の本格的政党内閣」原敬《はらたかし》内閣（1918〜21年）と護憲三派内閣（1924〜25年）の政治力によるところが大きかった。以下の叙述では、この両内閣の動きを踏まえつつ、それ以降の憲政会・民政党内閣（第一次若槻《わかつき》礼次《れいじ》郎《ろう》、浜口雄幸《おさち》、第二次若槻）、政友会内閣（田中義《ぎ》一《いち》、犬養）の対立の実態について考察していく。

党派的人事

1898年に「初の政党内閣」隈板《わいはん》内閣（第一次大隈重信内閣）が成立して以来、政権与党と藩閥勢力（元老山県有朋《やまがたありとも》や保守的官僚層）の間では、政党が自由に任命できる政治任用職の範囲や各省高官の人事をめぐってせめぎ合いが続いた。護憲三派内閣は、そうした不安定な状況に終止符を打つため、各省に政務次官を設置して政党員を任命し、大臣を補佐させる一方で、事務次官（正式名称は単に次官）、局長などの高級官僚については政治任用職から外し、高等文官試験に合格した官僚からの任用を原則とした。同内閣はこの制度改正によって「政」と「官」の境界線を定め、政官関係を安定化しようとしたのである

その後の主なポスト
貴族院勅選議員（1926.1.29）、立憲民政党幹事長
貴族院勅選議員（1927.4.18）、商工政務次官
貴族院勅選議員（1929.2.19）、関東長官 貴族院勅選議員（1939.12.19）、京都府知事
貴族院勅選議員（1931.4.13）、中国地方総監
貴族院勅選議員（1931.12.12）、内閣書記官長 全国選挙管理委員会委員
台湾総督府総務長官

（奈良岡聰智『加藤高明と政党政治』、清水唯一朗『政党と官僚の近代』）。

しかし、実際にはその後二大政党政治が展開するなかで、立憲政友会、立憲民政党（憲政会）ともに政権に就くと自派の官僚を重用し、反対党に近い立場の官僚を馘首《かくしゅ》するのみならず、時には休職や辞職に追い込む露骨な「党派的人事」を繰り返したため、政官関係はむしろ不安定化した。二大政党は、内閣書記官長、法制局長官といった官邸の幹部ポスト掌握を重視したのはもちろん、選挙や利益誘導政策推進に有利な内務省（内務次官、警視総監、警保局長、知事など）、巨額の政治資金を生み出していた植民地や政府系機関（朝鮮総督、台湾総督、関東長官、南満州鉄道株式会社［以下、満鉄］総裁［1927〜29年は社長］、東洋拓殖会社総裁など）のポストや、内閣が決定権を持

政党内閣期(1924-32)の内務省警保局長

内閣(成立年月日)	与党	警保局長(就任日)
第1次加藤高明 (1924.6.11)	護憲三派	川崎卓吉(1924.6.11)
第2次加藤高明 (1925.8.2)	憲政会	松村義一(1925.9.16)
第1次若槻礼次郎 (1926.1.30)	憲政会	ー
田中義一 (1927.4.20)	政友会	山岡萬之助(1927.4.22) 横山助成(1928.5.25)
浜口雄幸 (1929.7.2)	民政党	大塚惟精(1929.7.3)
第2次若槻礼次郎 (1931.4.14)	民政党	次田大三郎(1931.4.15) 岡正雄(1931.8.28)
犬養毅 (1931.12.13)	政友会	森岡二朗(1931.12.13)

っていた枢密顧問官、貴族院勅選議員の人事において、少しでも自党に有利な状況を作るべく鎬《しのぎ》を削った。とくに内務省のポストをめぐる争いは激しく、政権が交代すると次官をはじめとする幹部は総入れ替えするのが通例となり、各府県知事は「政友知事」「民政知事」に色分けされることが多かった。

表は1924〜32年の内務省警保局長(警察部門の統括者)を一覧したものである。ほぼすべての内閣(加藤首相の病死により、内閣の人員をほぼそのまま継承して成立した第一次若槻内閣を除く)が、組閣後直ちに自党系列の官僚を警保局長に任命していることがわかる。警察組織の掌握は、反対党のスキャンダルの摘発、選挙に有利な情報の入手のため不可欠で、きわめて重視されていたものと思われる。彼らのほとんど（2名の例外を除く）は、内閣総辞職に伴い辞任する直前に、功労に報いられる形で貴族院勅選議員に任命され、多くは以後も自らを引き立てた政党に協力した。川崎卓吉のように民政党に入党し、幹事長にまでなる者もいた。政党が自らの政策を実行するためには、官僚の協力が不可欠で、「官僚の系列化」「官僚の入党」は政党政治の発展にとって必要でもあったが、政党内閣期は政権交代があまりにもめまぐるしく続き、そのたびに横行した「党派的人事」はかえって政党への信頼感を損なう結果となった。

「党派的人事」は政府系機関にも及んでおり、政党内閣期には満鉄総裁なども政権が代わるたびに交代している。護憲三派内閣は露骨な「党派的人事」を避け、元山県系官僚の安広伴一郎（前枢密顧問官）を同総裁に任命したが、田中内閣は山本条太郎、続く浜口内閣は仙石貢という与党の重鎮を後任に任命した。その後1931年6月に仙石が病気で辞意を表明すると、与党民政党からは党人もしくは民政党系官僚の登用を求める声が上がり、片岡直温《かたおかなおはる》（元大蔵大臣）、伊沢多喜男（元台湾総督）らが下馬評にのぼった。しかし若槻首相は、「党弊」批判が高まっていたことも踏まえ、元老西園寺《さいおんじ》公望《きんもち》に相談したうえで、その信頼が厚く、政党色の薄い内田康哉《こうさい》（元外務大臣）を総裁に任命した。もっとも、副総裁には与党民政党と関係が深い実業家の江口定條《さだえ》（元三菱合資会社総理事）を任命した。このように政党内閣期には、政党とまったく無縁の人物が重要機関の要職に就くことは難しかった。こうした人事のあり方は、後述する選挙干渉や疑獄事件とも相俟って「党弊」として認識され、政党への不信感を強めていった。

疑獄事件

本格的に政党政治が展開し始めるなかで、政党が関係する疑獄事件が頻繁に発生するようになった。その動きが顕在化したのは原内閣期からで、与党・政権関係者にまつわる汚職が多数発覚した。阿片事件（関東州で没収した阿片の払い下げによって多額の利益を得たとして、原首相の友人の古賀廉造が内閣拓殖局長官を辞任し、有罪判決を受けた事件）、満鉄疑獄事件（満鉄が不当に高い金額で企業買収を行い、政友会の政治資金を捻出したとして、帝国議会で問題となった事件。中西清一満鉄副社長が辞任に追い込まれ、一審で有罪判決を受けた）がその代表である（奥津成子『私の祖父 古賀廉造の生涯』、原田勝正『満鉄』）。後者が発覚した際、与党政友会は、加藤憲政会総裁が党内の急進派を支援しないことを条件に政治献金を受領していた事実を暴露して対抗した（献金の礼状の表現から「珍品五個事件」と称された）。このように、この頃から疑獄事件を発端として政党が泥仕合を行うという悪しき動きが顕在化した。

護憲三派内閣を率いた加藤首相は「綱紀粛正」を掲げ、政党政治への信頼感を醸成することに努めた。しかし、その後二大政党政治が展開するなかで、疑獄事件はさらに頻発した。第一次若槻内閣期には松島遊郭事件（大阪の松島遊郭移転をめぐる与野党3名の政治家の収賄疑惑）が発生し、与党憲政会の重鎮箕浦勝人《みのうらかつんど》（総務、元逓信《ていしん》大臣）が追及を受けた。箕浦は起訴後無罪になったものの、関係者2名が有罪判決を受けた。この事件は、野党時代が長く、比較的クリーンと見られていた憲政会も金権スキャンダルと無縁ではないことを露わにした。また、この間の経緯は野党政友会の思惑も絡んで大々的に報じられ、政治の「劇場化」を招いた（筒井清忠『昭和戦前期の政党政治』）。

続く田中内閣は、金にまつわる醜聞が絶えない政権であった。田中は１９２５年に陸軍から政友会に入党した際、３００万円の持参金を用意したと言われている。この出所について、田中は神戸の実業家・乾新兵衛から借りたと述べていたが、シベリア出兵時の陸軍機密費を横領して乾に渡し、それを乾が公債に替えて田中に渡したものではないかという疑惑が持ち上がり、憲政会の中野正剛《せいごう》代議士が議会で追及した。この問題を追及していた石田基次席検事が変死体となって発見されたことで、疑惑はうやむやのうちに終わったが、その後も田中と関係の深い実業家・久原房之助《くはらふさのすけ》の政界入りと初当選直後の閣僚抜擢《ばってき》に際して、なんらかの金が動いたのではという噂が広がるなど、田中の身辺は清潔ではないという印象が世間には残った（田中義一伝記刊行会編『田中義一伝記』下巻）。

田中内閣期には、朝鮮総督府疑獄事件（米穀取引所設置の認可、温泉地払い下げなどに絡んで、田中に近い山梨半造朝鮮総督腹心の肥田理吉が逮捕され、山梨が辞職した事件。山梨は起訴されたが無罪となった）、売勲事件（賞勲局総裁の天岡直嘉が昭和天皇の即位礼に際して行われた叙勲にあたって実業家などから収賄し、有罪となった事件）の他、政治的にとくに影響が大きな問題として、五私鉄疑獄事件が発生した。この事件は、北海道鉄道、奈良電気鉄道など五つの私鉄事業者が、副総理格の実力者・小川平吉鉄道大臣に便宜を図ってもらう見返りとして、贈賄したとされる事件である。小川は1936年の大審院判決により懲役2年および追徴金19万2000円の有罪が確定し、失脚した（大島太郎「勲章・鉄道疑獄事件」『日本政治裁判史録 昭和・前』）。

民政党は以上の問題を強く批判したが、浜口内閣のもとでも越後鉄道事件という疑獄事件が発生した。この事件は、1929年に同鉄道常務の久須美東馬《くすみとうま》（元代議士）が逮捕されたのをきっかけに、佐竹三吾《さたけさんご》元鉄道政務次官が逮捕され、小橋一太《こばしいちた》文部大臣にも収賄容疑がかかり、辞任したものである。1931年に小橋には無罪判決が出されたが、佐竹、久須美は有罪が確定した。「綱紀粛正」を公約として掲げた浜口内閣の閣僚の贈収賄疑惑に国民の政治不信は頂点に達した。疑獄事件の頻発は、政党政治に対する国民の支持を揺るがし、軍部の台頭やテロが横行する素地を築いたと言えるであろう。

選挙干渉

このように疑獄事件が相次いだ背景には、大正期に入ってから有権者数の増加、選挙戦術の多様化（交通機関の発達による選挙運動範囲の拡大、レコードや選挙ポスターの活用など）により、選挙にかかる費用が増加していたという事情もあった。普通選挙法成立により、次回総選挙から有権者数は4倍に増加することが決まっており、その傾向にはますます拍車がかかることが予期された。そのため普通選挙法では、「腐敗選挙」を防止するための様々な仕組みが導入されていた。同法には、「選挙運動」「選挙運動の費用」という二つの章が設けられ、選挙事務長を置くこと、選挙委員・選挙運動員の制限、第三者の運動制限、ビラ・ポスターの制限、選挙運動の制限、連座制などが規定されていた。また、イギリスをモデルとして、通常郵便物を一人につき1通無料で発送し、小学校を演説会などの選挙運動で使用できるようにする「公営選挙」の規定も登場した他、イギリスにはなかった戸別訪問禁止の規定もできた。普通選挙法の選挙運動に関する規定は、世界的に見てもかなり厳しいものであった。

にもかかわらず、実際の選挙が公正なものであったとは言い難い。第一次世界大戦前の総選挙では、選挙違反者の数は数千人というのが通例であった（寺内内閣のもとで行われた第13回総選挙のみは、前政権与党・憲政会を追い落とすために大規模な選挙干渉が行われた結果、異例の約2万4000人）。しかし、政党内閣期に行われた3回の総選挙（1924年、28年、30年）では、いずれも1万人以上が選挙違反で検挙・起訴されており、違反の大部分は買収行為にかかわるものであった。

大正期には、激化する選挙戦を勝ち抜くため、選挙運動にかかる費用も高騰し続けた。1915年に第二次大隈内閣のもとで行われた第12回総選挙（1915年）は、選挙費用を一挙に押し上げた総選挙として知られている。このときの候補者一人あたりの平均選挙運動費は8000円程度（現代の貨幣価値に換算すると約2800万円）であったらしい。

次の第13回総選挙でも同様の傾向が続いたが、第14回・第15回総選挙（1920年、24年）になると、その額は3万円程度（同3600万円）にまで上昇した。この金額は普選時代になるとさらに跳ね上がり、初の男子普選が実施された第16回総選挙（1928年）には約5万円（同7100万円）、第17回総選挙（1930年）には実に約7万円（同1億3000万円）にまでなったという。普通選挙法では、選挙に要する法定限度費用額が約1万2000円（選挙区有権者数によって変動、1928年では同約1700万円）と決まっていたが、この金額を守っていたのでは当選は覚束なかった（季武嘉也『選挙違反の歴史』）。

政友会は原総裁が残した84万円と党内外からの寄付160万円（ざっと見て20億円程度）を、第15回総選挙ですべて使い果たしたと言われている。これに対して、この選挙で第一党に躍進した憲政会は政友会より50万円位多く使ったが、敗れた政友本党も、政権与党の強みを活かして満鉄の機密費を流用するなどした結果、護憲三派より豊富な選挙資金を使ったらしい。これらの資金は政党の総裁や幹部が拠出した他、政党内閣期の総選挙の際には、三井が政友会、三菱が民政党を支援したようである（奈良岡聰智『加藤高明と政党政治』）。それでも資金が不足しがちであったことが、この時期政党絡みの疑獄事件が頻発した背景であったと考えられる。

政府による選挙干渉は、大正〜昭和初期のすべての総選挙において行われたと考えられる。非政党内閣（寺内内閣、清浦内閣）は、敵対する政党（憲政会、護憲三派）に打撃を与えるため露骨な干渉を行ったし、政党内閣は、豊富な選挙資金を供給するなどして与党候補者を支援する一方で、反対党の候補者の選挙運動をより厳しく取り締まった。とくに干渉が激しかったのが、田中内閣のもとで行われた第16回総選挙であった。同内閣では、司法省出身の鈴木喜三郎内務大臣がそれまでにない規模で府県知事や警察署長を異動させ、彼らに激しい干渉を行わせた。もっとも、与党政友会の得票はあまり伸びなかった（野党民政党に対して1議席差で辛勝）。その理由としては、伊沢多喜男など休職中の民政党系官僚が選挙監視委員会を作って全国を巡回したことや、「理想選挙」の考え方がそれなりに普及し、買収・干渉が逆に選挙民の反感を買うケースもあったことが指摘されている（季武嘉也『選挙違反の歴史』）。

浜口内閣は、こうした状況を改善するために選挙革正審議会を立ち上げ、選挙の公正化を目指した。しかし、浜口内閣のもとでも、大規模な知事の異動の後で総選挙が実施されており、選挙干渉や買収はなくならなかった。これは犬養内閣のもとで行われた第18回総選挙（1932年）も同様である。結局選挙の公正化は、政党自身の手によって十分実現することはできなかった。この問題は、政党内閣崩壊後、選挙粛正運動などのなかで議論されていくことになる。

議会の混乱とテロの横行

初期議会以来、議会内の騒乱（野次、乱闘など）は常に大きな問題であったが、大正期に二大政党対立が激化し、民衆騒擾《そうじょう》や労働争議が頻発するようになると、議会審議はそれまでになく荒れるケースが出てきた。

第一次世界大戦後の世界的なデモクラシーの風潮の高まりを受けて、原内閣期には普通選挙運動が盛り上がり、1919年2月には、数千人の群集が日比谷公園から議事堂に押し寄せ、普通選挙法成立を請願する事態となった。原内閣はこれに応じず、選挙法改正により納税資格を緩和するに止《とど》めたが、要求は収まらず、野党憲政会、国民党は翌年も普通選挙法案を議会に提出した。この騒然とした状況のなかで、2月に日比谷公園に数千名が集まるデモが再び発生した他、議会内では野党議員約30名が衛視の取り締まりに不満を持ち、暴行を働くという事件が起きた。結局このとき衆議院は解散され、政友会が安定多数を獲得することで、事態はようやく沈静化したが、20年6月には、議事堂正門の扉が何者かに爆破される事件が起きている（犯人不明、渡邊行男『守衛長の見た帝国議会』）。

このようにデモクラシー運動や労働運動が盛んになる一方で、政権の動向に不満を持つ右翼や対外硬派の動きも活発化していった。あまり知られていないが、1919年10月には原内閣の施策に反感を持つ壮士によって政友会本部が放火され、全焼するという事件が起きている。犯人はすぐに逮捕され、2年後に有罪判決が出た。事件の背後関係は不明であるが、共犯者の一人が対外硬派の元代議士で、対外硬派系の政治団体・城南荘が関与していたことがわかっている（奈良岡聰智「原敬をめぐる『政治空間』」伊藤之雄編著『原敬と政党政治の確立』）。21年9月には、実業家・安田善次郎が刺殺されるという事件が発生した。犯人は、右翼団体と関係を持つ政治運動家・朝日平吾《あさひへいご》で、彼が持参した斬奸状《ざんかんじょう》には、「奸富」安田が「富豪の責任」を果たさず、「国家社会を無視」しているため「天誅」を加えると書かれていた（朝日は事件後すぐに自刃、筒井清忠編・橋川文三著『昭和ナショナリズムの諸相』）。この事件の1カ月後、原首相が暗殺された。犯人は日本国有鉄道に勤務する青年・中岡艮一《なかおかこんいち》であった。裁判の結果、事件に政治的背景はないものとされたが、中岡には右翼思想を持つ者たちとの交遊があり、右翼活動の活性化が犯行に影響を及ぼした可能性が高い（長文連『原首相暗殺』）。中岡は無期懲役の判決を受けたが、3回の恩赦により

1934年に出獄した。以後政党内閣期の政治家や財閥指導者は、テロの可能性を否応なしに意識せざるをえなくなった。

世論の沸騰を背景に大規模なデモが発生し、議会内でも騒擾が起きるという現象は、以後も繰り返された。1925年2月、猪野毛《いのけ》利栄《としえ》代議士（無所属）が議会での質問演説のなかで不穏当な発言を繰り返し、再三にわたる注意を聞かずに発言を続けたため、議長が退場を命じて守衛が出動するという事件が起きた。その結果、衛視を阻止しようとする野党（政友本党）とそれに対抗した与党議員（憲政会、政友会）の間で乱闘となり、猪野毛代議士が全治8日間、守衛3名が全治数週間の負傷をする結果となった。流血を招いたこの不祥事を踏まえ、衆議院は全会一致で議会の神聖に対する決議を行い、公正な議事運営を期するため、粕谷《かすや》義三《ぎぞう》議長（政友会）、小泉又次郎副議長（憲政会）が在籍中党籍を離脱することになった。この党籍離脱の慣行は、今日に至るまで続いている。

このときの議会は普通選挙法成立が最大の課題であったが、同法案審議の際、院内では負傷者を出すほど暴力沙汰が相次いだ。加藤首相は右翼・左翼双方から敵視され、議会前には普通選挙即行を求める青年、議会開催中には普通選挙を「家族制度の良風美俗を破壊」するものと見なす内田良平配下の運動家から暗殺を図られている（いずれも未遂）。また、法案を審議した一木《いちき》喜徳郎《きとくろう》枢密院副議長の邸宅に抜刀した暴漢が侵入するという事件も起き、枢密院本会議の前後には、審議を担当した顧問官の邸宅が警察から特別に警護されたほどであった（奈良岡聰智『加藤高明と政党政治』）。

普通選挙法成立後は、加藤内閣、第一次若槻内閣と憲政会内閣が続いたが、護憲三派が分裂し、憲政会、政友会、政友本党の三すくみ状態となったため、政界はきわめて不安定な状況となった。とくに若槻内閣は、首相のリーダーシップが欠如するなかで、前述した松島遊郭事件に加えて、朴烈《ぼくれつ》事件（天皇暗殺の嫌疑で在日朝鮮人朴烈とその内縁の妻金子文子が逮捕された事件。死刑判決後の減刑、獄中写真の流出を右翼が批判し、政治問題化した）という怪事件が発生したため、第51議会の審議で窮地に立たされた。その後大正天皇が死去すると、若槻首相は「諒闇《りょうあん》」（天皇が喪に服する期間）中であることを理由に政争を収め、第52議会を乗り切ろうとしたが、片岡蔵相の失言問題をきっかけに金融恐慌が発生し、議会も大混乱となった。こうしたなかで田中政友会総裁の陸軍機密費疑惑が暴露され、議場では政友会議員が壇上に殺到し、質問した清瀬一郎代議士が殴打されるという乱闘事件も発生した（筒井清忠『昭和戦前期の政党政治』）。このように昭和改元直後の束の間の平穏を除き、議会は相変わらず荒れることが多かった。

続く田中内閣が成立する過程で、憲政会と政友本党が合同して民政党を創立した。田中内閣は少数与党政権となったため、この状況を打開するため衆議院を解散したが、政友会が過半数を確保できなかったため、政界は不安定な状況が続いた。1929年には政友会が自党に有利な選挙区制を作るため小選挙区制導入法案を提出したが、野党はこれに猛反発し、第56議会では殴打事件が多数発生した。また、田中内閣期には、治安維持法改正に反対した無産政党の山本宣治代議士が暗殺されるという事件も起きている。犯人は右翼団体・七生義団《しちしょうぎだん》メンバーの黒田保久二《くろだほくじ》で、懲役12年の有罪判決を受けたが、6年で残余の刑を免除され出獄した。なお暗殺当時に七生義団が発行した新聞は、「不敬代議士」として山本、西尾末広、河上丈太郎ら6名の無産政党所属者を挙げ、議員除名と自決を勧告していた（本庄豊『テロルの時代』）。

ロンドン海軍軍縮条約問題が審議された1930〜31年は、議会内の混乱が頂点に達した時期であった。1930年4月に同条約が調印されると、野党政友会はこれを「統帥権《とうすいけん》干犯《かんぱん》」であると批判し、議場で民政党議員や事務員に対する殴打事件が相次いだ。浜口内閣は30年に衆議院を解散し、民政党の安定多数を確保したが、そのデフレ政策が景気を悪化させたことから次第に批判も高まっていき、同年の議会では、傍聴席から議場に「失業者に職とパンを与へよ！」と記したビラが投げ込まれる事件が発生した。この年、浜口首相は右翼団体愛国社メンバーの佐郷屋《さごうや》留雄《とめお》に狙撃されて遭難した。それにもかかわらず、野党政友会は浜口首相の議会への登壇を要求し、無理を押して議場で答弁した浜口はやがて体調を悪化させて辞任し、31年に死去した。この第59議会は稀に見る荒れた議会であり、議場の秩序を保つため、未曽有の１２８名の守衛が動員されたほか、院内に十数名の私服警官まで配置された。なお佐郷屋は殺人罪により死刑判決を受けたが、１９３４年恩赦により無期懲役に減刑され、１９４０年再度の恩赦により仮出所している。

満州事変が発生し、１９３２年に入ると、政治状況はより悪化した。犬養首相は組閣後まもなく衆議院を解散したが、総選挙中の2月に井上準之助前大蔵大臣が暗殺された。犯人は血盟団メンバーの小沼正《おぬましょう》で、民政党の政策への反発が背景にあった。この時期血盟団は、西園寺公望、牧野伸顕《のぶあき》、若槻礼次郎、鈴木喜三郎ら多くの政治家を暗殺目標としていたが、3月にはメンバーの菱沼五郎《ひしぬまごろう》が団琢磨《だんたくま》三井合名会社理事長を暗殺した。彼らはいずれも無期懲役判決を受けたが、１９４０年に恩赦で出所している（中島岳志『血盟団事件』）。原首相の暗殺以来、テロ実行者に対しては少なからぬ世論の同情があり、彼らを「英雄視」する見方さえあった（筒井清忠『昭和戦前期の政党政治』）。そうした声を背景として、有罪者に対しては刑の免除や恩赦が繰り返され、それがさらなるテロや暴力行為を助長するという負の連鎖が生まれた。このパターンは、32年5月の五・一五事件以後も繰り返されることになる。

政党内閣期の終焉

昭和天皇は、「党弊」問題を非常に深刻に捉えていた。とくに問題視していたことが史料的に確認できるのは、政党の恣意的《しいてき》人事である。政府高官は親任官または勅任官（天皇が自らの署名または命により叙任）であり、天皇にとっては政権交代のたびに人事交代が繰り返されるのが耐え難かったものと思われる。昭和天皇は、田中内閣成立直後の人事を見て、次のように率直に述べている。

近頃事務官の進退頻繁にて、然《し》かも其人《そのひと》の能否に依らず他の事情にて罷免する場合多き感ありて面白からずと思ふ、政務官を置きたるも其《その》制度設置の趣旨徹底ならず、夫《そ》れは事務次官の進退も同様に取扱はるる場合あればなり（中略）警保局長、警視総監抔《など》の更迭頻繁なるは取るところにあらず

（『牧野伸顕日記』1927年6月15日）

昭和天皇は、疑獄事件やテロの横行にも心を痛めていた。小川平吉が五私鉄疑獄事件で検察当局に召喚された際には「御不満甚し」い様子で、天皇自身が修徳に努めているにもかかわらず、なおこのような不祥事が発生するのをどうしたら良いかと侍従長に相談している。第二次若槻内閣の際、昭和天皇は前科がある原脩次郎《しゅうじろう》拓務大臣の鉄道大臣転任に懸念を表明し、「官紀の維持」に十分注意するよう伝えているが、同種の疑獄事件再発を憂慮していたのであろう。浜口首相襲撃も大きな衝撃を与え、「憲法政治妨害的行為」であると懸念を洩らした。五・一五事件で犬養首相が暗殺されると、天皇は後継首相選定に関して、元老西園寺公望に希望を伝えたが、そのうちいくつかは次の通り「党弊」やテロの横行を強く意識したものであった。

・首相は人格の立派なる者。
・現在の政治の弊を改善し、陸海軍の軍紀を振粛《しんしゅく》するは、最も首相の人格に依頼す。
・ファッショに近きものは絶対に不可なり。
・事務官と政務官の区別を明かにし、官紀振粛を実行すべし。

（「原田熊雄関係文書」）

こうして1932年5月に斎藤実《まこと》内閣が成立し、約8年間続いた政党内閣期は終焉を迎えた。斎藤首相の選任は、元老西園寺が陸軍統制の回復と国際関係の改善を重視したことによるが、失政と「党弊」により二大政党が天皇、元老や世論からの信頼を失った結果でもあった。以後終戦まで政党に対する信頼は回復せず、政党政治を復活させようとする動きもほとんど大きなものとはならなかった。「党弊」がもたらした負の遺産は、まことに大きかったのである。

〔参考文献〕

田中義一伝記刊行会編『田中義一伝記』下巻（同会、1960年）
大島太郎「勲章・鉄道疑獄事件」（『日本政治裁判史録 昭和・前』第一法規出版、1970年）
長文連『原首相暗殺』（図書出版社、1980年）
原田勝正『満鉄』（岩波新書、1981年）
渡邊行男『守衛長の見た帝国議会』（文春新書、2001年）
奈良岡聰智『加藤高明と政党政治』（山川出版社、2006年）

清水唯一朗『政党と官僚の近代』（藤原書店、2007年）
季武嘉也『選挙違反の歴史』（吉川弘文館、2007年）
本庄豊『テロルの時代』（群青社、2009年）
奥津成子『私の祖父 古賀廉造の生涯』（慧文社、2011年）
筒井清忠『昭和戦前期の政党政治』（ちくま新書、2012年）
玉井清『第一回普選と選挙ポスター』（慶應義塾大学出版会、2013年）
奈良岡聰智「原敬をめぐる『政治空間』」（伊藤之雄編著『原敬と政党政治の確立』千倉書房、2014年）
村瀬信一『帝国議会』（講談社選書メチエ、2015年）
中島岳志『血盟団事件』（文春文庫、2016年）
筒井清忠『戦前日本のポピュリズム』（中公新書、2018年）
筒井清忠編・橋川文三著『昭和ナショナリズムの諸相』（名古屋大学出版会、2022年）

第3章　無産政党の台頭と挫折

福家崇洋

大正デモクラシーと無産政党

無産政党を生み出す土壌は、大正中期に形成された。大学知識人の活躍とそれに刺激を受けた大学生の運動が始まっている。労働者や農民の組合・争議活動への参加が進み、女性や被差別部落の人々も解放を求めて声をあげた。これら社会運動の興隆と軌《き》を一《いつ》にして普通選挙への要求が高まり、無産政党結党が実現可能な課題として浮上してきた。

以上の状況を結社から見れば、まず黎明会《れいめいかい》がある。吉野作造、福田徳三《ふくだとくぞう》らを中心とした大学教員や言論人が、第一次世界大戦終結直後の1918年12月に発会した思想団体である。大綱には国本《こくほん》の学理的闡明《せんめい》、頑迷思想の撲滅、国民生活の安固充実の促進とあり、新たな国際秩序の誕生を背景として「民本《みんぽん》主義」など新思想の啓蒙を試みた。

黎明会と前後して生まれた学生運動団体に、東京帝国大学新人会や早稲田大学の建設者同盟、京都帝国大学の労学会などがある。彼ら学生は自他ともに認める新時代のエリートとして労働者や農民を抑圧する社会制度の改善に取り組み、無産政党の幹部になる。

他方で、労働者や農民の側も結社を進め、運動に参加した。代表的な労働団体友愛会は1919年に大日本労働総同盟友愛会と改称して全国組織の労組へ変貌を遂げた（のち日本労働総同盟に改称）。1922年に農民組合として日本最初の全国統一組織となる日本農民組合が結成された。これら労働・農民運動の興隆が、路線対立など紆余曲折《うよきょくせつ》を経ながらも、無産政党を生み出す基盤となる。

以上の結社と運動は、大正デモクラシーの象徴として言及されることが多い。しかし、「デモクラシー」ありきでは見えない時代の特徴もある。

まず、学生運動家における思想の多彩さである。彼らにとって咀嚼《そしゃく》した思想を実現する場が労働運動や無産政治運動であり、それは同時に無産政党内に多様なイデオロギーを抱え込むことになった。

次に、ナショナリズムとの関係である。黎明会を代表する一人の福田徳三が英米の資本主義的侵略主義に向けた批判は、吉野作造の人道的キリスト教信仰に基づくウィルソン主義への共鳴とは距離があり、吉野とは思想が異なる国家改造運動の対外認識と近かった。

その国家改造運動は大正中期に始まり、老壮会や猶存社《ゆうぞんしゃ》といった結社が生まれた。両団体の世話人の満川亀太郎《みつかわかめたろう》や、東京帝大卒業後に南満州鉄道株式会社東亜経済調査局に勤める大川周明《おおかわしゅうめい》、上海から帰国して国家改造運動に加わる北一輝《きたいっき》が代表的な人々である。

国家改造運動は対外論に特徴があり、東アジア植民地化を進める欧米帝国主義に対抗するアジア主義のほか、有色人種差別撤廃運動や民族独立運動に共鳴することで、国境を越えた「世界解放戦」を目指した。他方で、同運動には、国内の貧富の解消など社会主義者と近い問題意識もあった。老壮会には堺利彦《さかいとしひこ》らの社会主義者や高畠素之《たかばたけもとゆき》ら国家社会主義者も参加し、当時噴出していた労働問題の解決に取り組んだ。

老壮会での交流をきっかけに日本労働党が生まれた。これは学生運動家、左派言論人、労働運動家が中心になって1919年に東京で結成された。綱領には、自由平等の実現、普選実施、資本家政党打倒が掲げられた。党自体はすぐに潰《つい》えるが、無産政党パイロット版としての特徴を持つ。つまり、大正デモクラシーと並んで、国家改造運動も無産政党の源流の一つとして本論では考えたい。

日本共産党と合法無産政党結成運動

これまで無産政党結成運動の中心は日本労働総同盟（以下、総同盟）、日本農民組合（以下、日農）、政治問題研究会（のちの政治研究会）だとされてきた。しかし、いち早く無産政党結成に動き始めたのは日本共産党である。1919年にロシア共産党を中心としてモスクワで共産党の国際組織第三インターナショナル（コミンテルン）が生まれたが、同組織と日本の社会主義者の接触を通して生まれたのが日本共産党である。

日本の社会主義者はロシアで開催された極東勤労者大会（極東諸民族大会）へ参加後、1922年8月に地下会議を開催し、これまでの日本共産党暫定執行委員会を日本共産党へ改組した（総務幹事・荒畑寒村《あらはたかんそん》、国際幹事・堺利彦）。これとほぼ同時期の『前衛』1922年7・8月号に、党の理論を担う山川均《やまかわひとし》が発表したのが「無産階級運動の方向転換」であり、サンディカリズムの影響を批判し、革命的前衛が大衆のなかへ入ることを説いた。

とはいえ、共産党内でもサンディカリズムの影響を脱するのは難しく、ほかならぬ無産政党結成をめぐる議論でこの問題が噴出した。合法無産政党を結成して議会を利用する意見と、労働者大衆の革命化による政治的直接行動に訴えるべきだとする意見があった。前

無産政党の結成過程図

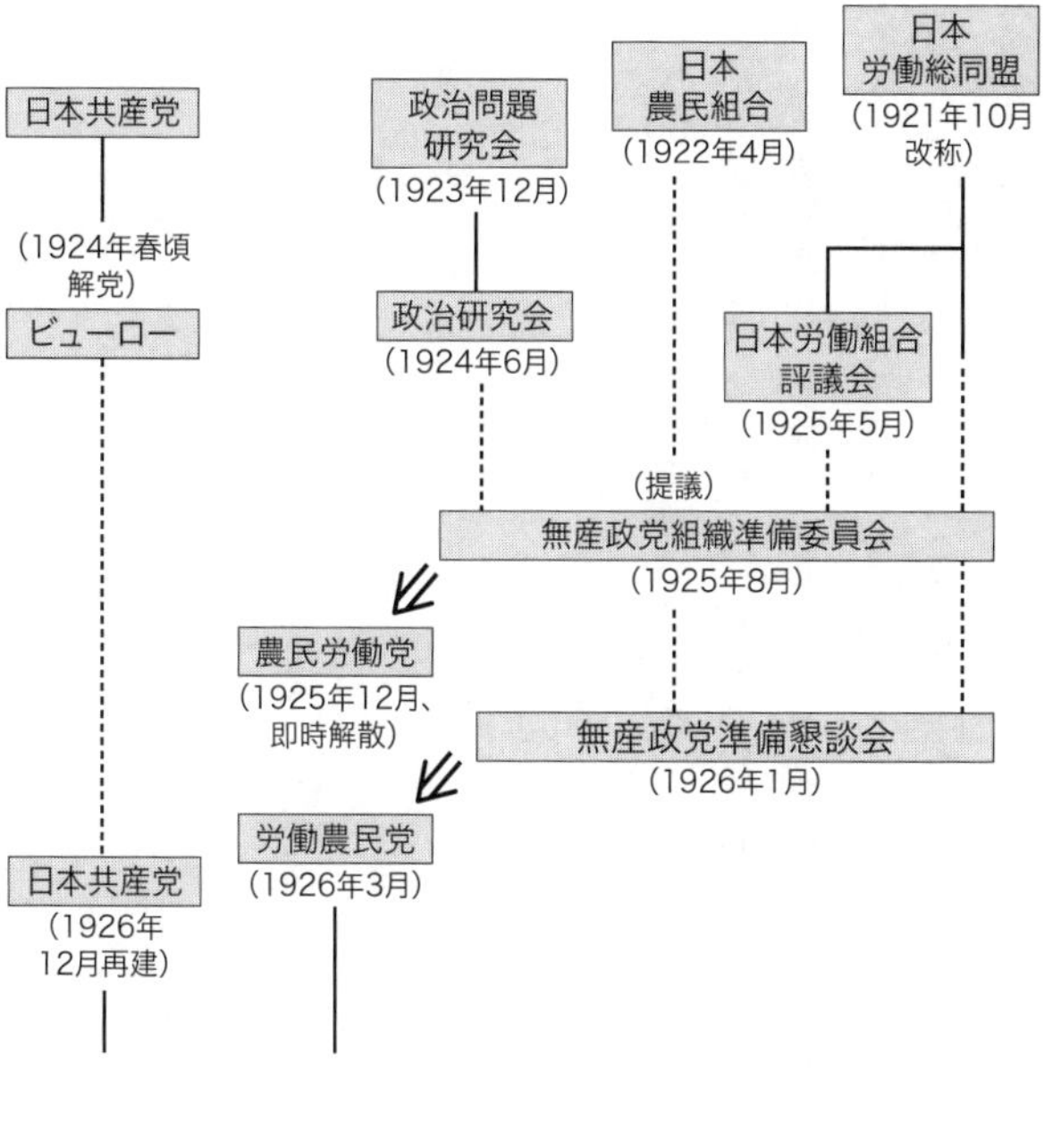
日本共産党
(1924年春頃
解党)
ビューロー
日本共産党
(1926年
12月再建)
政治問題
研究会
(1923年12月)
政治研究会
(1924年6月)
日本
農民組合
(1922年4月)
日本
労働総同盟
(1921年10月
改称)
日本労働組合
評議会
(1925年5月)
(提議)
無産政党組織準備委員会
(1925年8月)
農民労働党
(1925年12月、
即時解散)
無産政党準備懇談会
(1926年1月)
労働農民党
(1926年3月)

者の意見は、ブハーリンを中心とするコミンテルン中央執行委員会で起草された党綱領と連動したもので、この綱領を党として受け入れるか否かとも絡み、石神井《しゃくじい》臨時党大会（1923年3月）は紛糾した。しかし、議論の継続は第一次共産党事件（同年6月）の弾圧で難しくなった。

事件後は、ウラジオストクに逃れた佐野学《さのまなぶ》らを中心とする在外ビューローが、日本共産党を「指導」した。コミンテルンの指示が及ぶ在外ビューローは無産政党設立に前のめりで、8月にはイギリス労働党に倣う「合法政党」設立に向けて準備が進んだ。

けれども、直後の関東大震災で、日本共産党側に在外ビューローの指示に応ずる余裕はなかった。運動を立て直した彼らは、10月下旬に第3回大会を開催し、「当面の任務」として都市農村の「凡《あら》ゆる無産階級並びに準無産階級分子を包擁《ママ》して独立せる一国の政治的勢力たらしむる政党組織の促進」を決定し、政党組織準備委員会を設けることにした。

11月には山本権兵衛《ごんべえ》内閣が普選実施声明を発し、これまで普選運動に慎重だった総同盟が議会対策委員会を設置、日農でも農民政治研究委員会を設置し、政治運動に取り組む。これらは両組合の主体的な動きの一方で、日本共産党の影響が及んでいたと考えられる。

とくに日本共産党の影響を最も被ったのが、1923年12月に設立される政治問題研究会である。労働組合、農民組合、思想団体関係者が集まった同団体は翌年6月、政党組織設立の準備組織である政治研究会（以下、政研）を設立した。日本共産党員の報告書「合法政党組織」によれば、共産党は島中雄三を合法無産政党組織の中心人物として「政治研究会」を作らせ、同志の赤松克麿《あかまつかつまろ》、青野《あおの》季吉《すえきち》、鈴木茂《も》三郎《さぶろう》が協力していたという。

しかし、1924年2月頃には、無産政党組織に熱心だった在外ビューローが事実上解体し、国内の共産党も春頃から非合法共産党解党の意見が強まり、3月頃に解党が党内で正式に合意された。残務整理のためのビューローが設けられた。

解党はコミンテルン側からすれば当然反対で、その意向を受けた、上海のコミンテルン東方部極東書記局のヴォイチンスキーがビューローに梃子入《てこい》れして、党再建を目指した。そのなかで政研の活動継続・強化が謳われ、ビューローからの影響は必至だった。

政研内で共産党関係者は少数だった可能性があるが、無産政党樹立に動く総同盟や日農から強い警戒を受けた。総同盟、日農とも政研不参加の態度をとり、日農は7月に政党準備会設置を決め、総同盟は政治部会で綱領問題を討議して11月に自身の右翼社会主義に基づく無産政党の原則草案をまとめ、それぞれが政党結成準備に動いた。

総同盟の危惧通り、ビューローから無産政党運動への影響は党再建の動きとともに強まった。党再建に向けたきっかけが、日ソ基本条約（日本とソ連〔ソビエト社会主義共和国〕の国交樹立を決定した条約）が締結される1925年1月にヴォイチンスキーが招集した上海会議である。日本から佐野学、荒畑寒村、佐野文夫、青野季吉、徳田球一《とくだきゅういち》が参加し、同年7月の党創立大会開催に向けて、ビューローを改組して共産主義グループを発足させた。

このとき、ヴォイチンスキー作成の「上海会議1月テーゼ」が採択されたが、ここでコミンテルンの指導に従わず、普選要求と無産政党樹立の運動をしなかったことが自己批判され、「絶対主義」との闘争のために共産党の指導性とともに合法非合法活動を結びつける無産政党樹立が必要とされた。ただし、元共産党幹部の堺利彦、山川均はテーゼに反対の姿勢をとった。

それから数カ月、共産主義グループは労働組合、農民組合、水平社、政研に影響を及ぼそうとしたことが3月末の報告書からうかがえる。彼らの戦略はビューローの影響が及ぶ関東地方評議会（総同盟関東労働同盟会から除名された左翼5組合が結成）を核に、関東の労組が集まった関東労働組合会議や政研に影響を及ぼすことである。実際、政研第2回全国大会（1925年4月）後に左右対立が増すとともに、左派労組に属する組織労働者が政研に数多く参加しはじめた。

労組の方は、関東地方評議会は左派の宣伝による支持勢力の拡大とともに総同盟刷新同盟を組織するが、総同盟から除名された左派組合が結集し、5月に日本労働組合評議会（以下、評議会）を結成した。コミンテルンの日本駐在代表ヤンソン（表向きはソ連大使館職員、アメリカやカナダの共産党設立に関与し合法労働者党設立の実績を持つ）からヴォイチンスキーに宛てた7月付報告書を見れば、共産主義グループの確乎とした影響が及んでいたことがうかがわれる。

農民労働党から労働農民党へ

政研、労組内で左右対立が増すなか、日農は6月に「無産政党樹立準備機関設置に関する提議」を行った。日農の左派化が進んでいたとみられ、評議会は日農提議に進んで同意、総同盟も評議会ほど積極的ではないが同意した。

ヤンソンは、地下非合法共産党よりも合法無産政党結成が急務で、「無産政党に独立の組織として入れるような、合法的なセミ共産党的機構（組織）」を設けようと考えた。それゆえに、日農の提議は閉塞感ただよう共産党再建状況を脱する契機になると考えられた。

日農の提議により、8月に大阪で無産政党組織準備委員会が開催された。日農および提議に賛成した12組合が参集したほか、政研、全国水平社、全国水平社青年同盟（いずれも左派と目されていた）も招待され、正式参加が認められた。

無産政党組織準備委員会内に調査委員会が設けられ、ここで左右対立を含みながらも綱領案が審議され、左派の譲歩で右派の案が採用されていく。その過程で右派を代表する総同盟が政研を除外しようとした。これには政研などから反対運動が起きたものの、最終的に総同盟は11月28、29日に政研などの新政党加入絶対反対と準備委員会脱退を決定した。

このため、29日開催の調査委員会で対策が協議され、総同盟には再加盟を勧めず、評議会には「自発的脱退」を促し、政研は新政党結党後自発的に解体してもらうことが決まった。評議会、政研ともこの意向を受け入れた。12月1日に無産政党組織準備委員会総会を開催後、農民労働党の結党式を行うが、数時間後に結社禁止命令が出た。

日農は翌日に中央委員会を開催し、全国的単一政党の組織運動を開始する声明を出した。農民労働党即時結社禁止の教訓から、今度は左派労組と距離をとる形で運動を進めた。日農と総同盟、中間派労組が１９２６年1月に大阪で会合を開き、無産政党準備懇談会（以下、懇談会）を設け、改めて無産政党樹立に向けて動くことになった。左派の評議会は参加を自発的に遠慮した。

無産政党系統略図

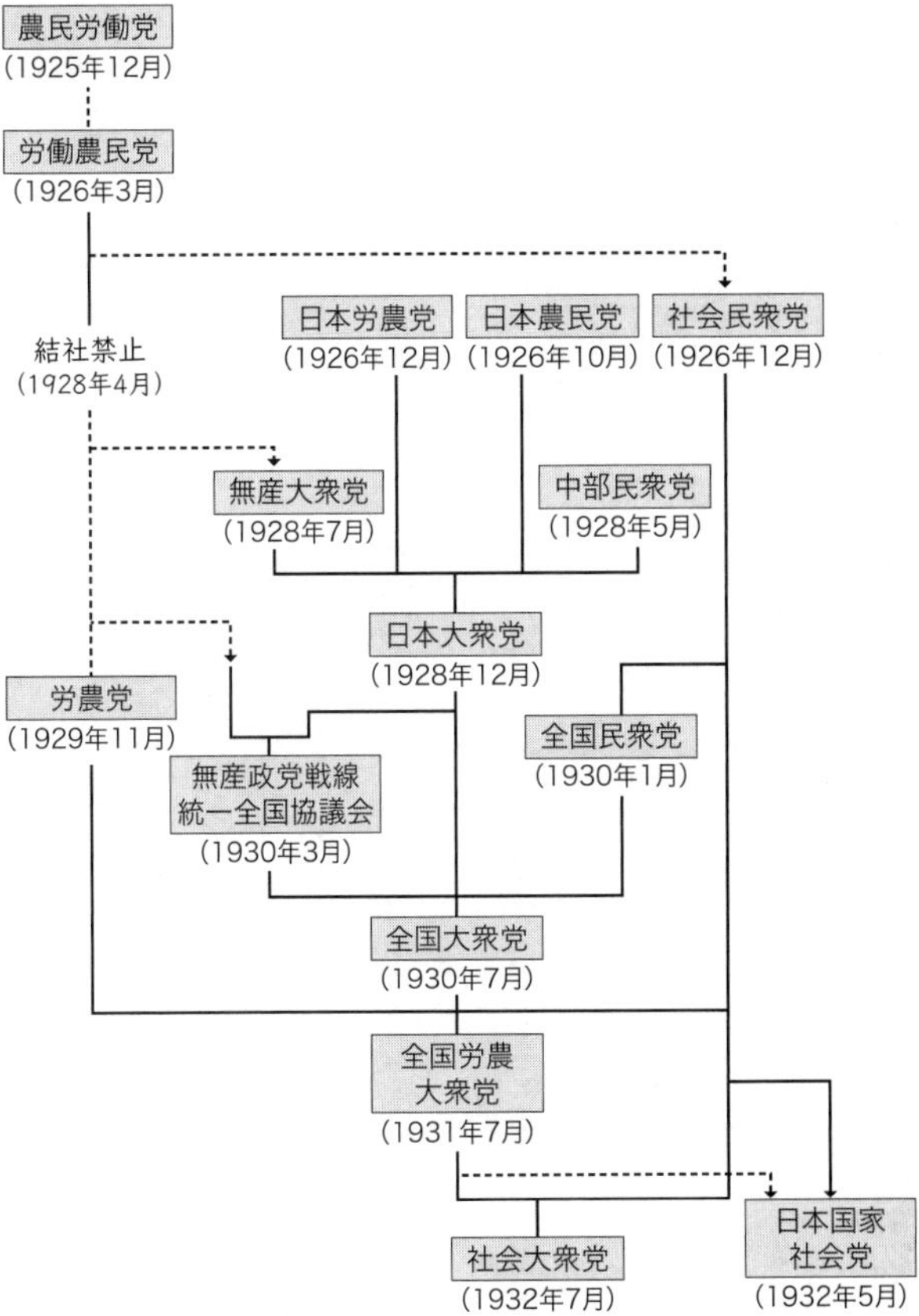

遠山茂樹・安達淑子『近代日本政治史必携』をもとに作成

懇談会は2月に第2回会議を開催し、政研、評議会などの会員を新政党に入党させないことを決めた（玉姫クラブの申し合わせ）。左派に強硬だった総同盟は、3月にも無産政党は反共産党たるべきこと、評議会・政研などに属する者除外などの声明を出した。

あわせて、右派独自の結集も始まった。左派色が強まる政研では、1925年10月の大会で中央委員に再任されなかった島中雄三ら右派と目される人々が脱退していた（政研は1926年5月に大衆教育同盟に改組）。彼らと安部磯雄《あべいそお》、吉野作造、賀川豊彦《かがわとよひこ》、そして総同盟の赤松克麿が1926年1月に懇談会をもち、2月に協議会を開いて独立労働協会を立ち上げた。これはのちの社会民衆党結党の布石となる。

3月に懇談会は創立委員会を開催し、綱領規約草案を審議して5日の労働農民党（以下、労農党）結党を決めた。中央執行委員長に日農中央委員長の杉山元治郎が就任し、書記長は麻生久《あそうひさし》が断り、5月に三輪寿壮《みわじゅそう》が就任した。綱領第1条では「我等は、我国の国情に即し、無産階級の政治的、経済的、社会的解放の実現を期す」とあるが、その「無産階級」は「国民の最多数を占むる我等無産階級即ち労働者、小作農民をはじめとして幾百万の小農小商工業者、下層俸給生活者等」とされた。

総じて左派排除の総同盟の意向が通った形だが、評議会は基本的に労農党成立を歓迎し党参加を要求していく。次第に労農党内で門戸開放論が強まり、左翼的団体原則排除から、共産主義的色彩のある者を個人的に排除という方針に変化した。これに評議会も呼応し、下からの共同戦線を推し進め、労農党支部組織に乗り出した。

7月の労農党中央執行委員会では門戸開放が議論され、日農が譲歩する形で、再び総同盟の主張が通り、評議会など左派入党拒否が決定された。これにより、共産主義者の影響が及ぶ『無産者新聞』7月31日付では労農党奪還キャンペーンが展開され、評議会でも8月末の中央委員会で右翼指導者への積極的闘争が開始された。

この左派の一連の動きは共産党再建運動と連動したものであった。6、7月頃に開催された共産党再建準備会議では右派（総同盟の西尾《にしお》末広《すえひろ》一派などに言及）への強い警戒が見られる。共産主義グループとしては、階級化した大衆と結びついた無産政党組織の延長線上にこそ共産党再建があった。

無産政党分立時代

左派の攻勢を受けて、日農も門戸開放へ軸足を移しはじめた。これにより労農党は分裂する。10月24日開催の同党中央執行委員会で、総同盟や他労組、安部磯雄、賀川豊彦は脱退、三輪書記長も辞任を申し出た。新書記長に細迫兼光《ほそさこかねみつ》が選出され、杉山元治郎委員長とともに議事を続けた。以後、左派色を強める労農党は、第1回大会（12月）時に大山郁夫が委員長に就任する。

脱退した総同盟は、10月26日に「現実主義」に基づく新党組織を打ち出し、独立労働協会と協力しながら新党樹立運動を進めた。11月4日には安部磯雄、吉野作造、堀江帰一《ほりえきいち》が連名で、新無産政党組織を呼びかける声明書を発表した。総同盟、独立労働協会などが声明書を支持し、無産政党樹立に着手した。彼らは11月20日に新党促進協議会を関係労組と開催し、途中から政党組織準備会に切り替え、綱領、政策、党組織案などを協議した。

総同盟以外で、労農党から脱退した労働組合は、評議会・総同盟双方と距離をとり、11月19日に全国労働組合中堅同盟（以下、中堅同盟）を組織した。この動きと並行して、総同盟、日農のなかで幹部と異なる考えを持つ人々により新党樹立が画策された。

11月22日、総同盟の麻生久、日農の三宅正一《みやけしょういち》、浅沼稲次郎《あさぬまいねじろう》らが会合を開き、翌日に日本労農党（以下、日労党）創立趣意書を発表した。「真に階級的立場を厳守して尚《な》ほ真に日本の社会的現実をは握せる堅実純真なる無産階級運動を確立すべき秋《とき》は来《きた》れり」として、労農党や総同盟・独立労働協会が目指す党と異なる新党を創ろうとした。

突然の新党構想発表は総同盟内で混乱を引き起こし、11月24日には総同盟会長名義で麻生らの不信を非難する声明を発表した（翌月、麻生ら除名）。以後、二つの新党結成準備が並行して進む。

まず12月5日に総同盟・独立労働協会関係者によって準備委員会と新党結党式が開催された。党名は社会民衆党（以下、社民党）、委員長は安部磯雄、書記長は片山哲《かたやまてつ》に決まった。綱領第1条には「吾等は勤労階級本位の政治経済制度を建設する事を以《もっ》て健全なる国民生活を樹立する所以《ゆえん》と確信し之が実現を期す」とある。組織された労働者・農民だけでなく、「我が国民大多数を占むる労働者、農民、俸給生活者、小売商人、及び自由職業者等の利害」の代表たらんとした点が労農党、日労党と異なる。

日労党の方は、11月25日に党結成準備委員と中堅同盟の会合を行い提携に動き出す。当初、日労党は12月8日結党に向けて動いていたが、その8日に中堅同盟と日本労働組合同盟、日農から分かれた一派で日本労農総連合結成準備協議会が結成されることになったため、9日に延期となった。9日の結党大会では委員長は空席で、書記長は三輪寿壮が就いた。ここで採用された綱領第1条は労農党のそれと同じであった。労農党からすれば、脱退した団体・労組が別の統一組織を作るのではなく、その一方が自党に近いものとなった。

このため、日労党結党直後から労農党は積極的に日労党に合同を提起する。

しかし、この合同運動で、共産党との関係から新たな問題が起きた。いわゆる第二次日本共産党は、12月4日に山形の五色《ごしき》温泉で開催された再建大会を機に新たな活動（党中央委員に佐野学、徳田球一、市川正一《しょういち》、佐野文夫、渡辺政之輔、鍋山貞親、福本和夫が就任）を開始していたが、内部ではヤンソンと日本の共産主義者の間に対立が生じていた。ヤンソンからコミンテルン執行委員会書記局などに宛てられた報告メモ（12月中旬）には、ヤンソンが日労党・労農党合同の政策、スローガンを提案したが、福本、佐野（文）、渡辺らが誤りだと拒否して、日労党を分裂させて「優良分子」を労農党に獲得しようとしたとある。

福本和夫は欧州留学時にコルシュやルカーチのもとでマルクス主義を学び、帰国後は新進左派理論家として活躍していた。のちに「福本イズム」と呼ばれる彼の分離結合論（「機会主義者」との分離による組織・理論の純化と前衛党による上からの大衆指導）は、急速に共産党内外で支持を集めていた。とくに大学など高等教育機関で教養主義の影響を受けた若い運動家たちにとって、この理論は大きな影響力を持った。

福本らの一派によって党から外されようとしたヤンソンは、コミンテルンに窮状を訴えて立場の挽回を図ろうとしたが、ヤンソンはのちに日本を離れた。労農党で他党との合同論は続くが、その質はこれまでと異なるものであった。

対華非干渉運動をめぐって

労農党、社民党、日労党は当時左派、右派、中間派と呼ばれたが、さらに右派で、日農から分かれた農民組合を率いて平野力三が結成した日本農民党や、地方でも1924年から26年にかけて無産政党が各地で生まれていた（浅原健三率いる九州民憲党など）。

1927年4月に金融恐慌で社会不安が増すなか、同年後半には総同盟が関係した野田醤油争議などが発生して無産政党も支援に動いた。また、議会の動きを睨み、政府提出の労働組合法案に反対したり、施行間近の健康保険法の改正意見を提起したりした。

初期の無産政党で見逃せないのが対中問題への対応である。金融恐慌で倒壊した若槻礼次郎《わかつきれいじろう》内閣に代わって田中義一《ぎいち》内閣が成立すると、中国大陸への積極外交政策が展開された。もともと無産政党は外交問題に積極的だったわけではない。とはいえ、既成政党ほど国内で浸透力を持たない以上、国外の類似勢力との提携を模索するのは必然だった。提携先とは第一次国共合作中の中国国民党と中国共産党である。

先の無産3党が中国問題を積極的に論じるのは、1927年1月に蔣介石《しょうかいせき》の国民革命軍がイギリス租界を接収してからである。欧米および日本の帝国主義と、植民地化の危機にさらされた中国民衆という対立図式のもとで後者を支援するのが無産政党の立場だった。

日労党は、2月1日付機関紙で「支那国民政府」即時承認とイギリス出兵への抗議を打ち出した。労農党は2月15日に声明を出して「国民革命」支持を表明し、機関紙記事では「支那全被圧迫民衆の解放なしに我等が解放は期し得ない」と述べた。ただし蒋介石を批判して、中国共産党の存在を強く読み込んだうえでの支持となる。社民党は国民革命軍のイギリス租界接収を支持しつつも、その方法を批判した。また、2月5日付機関紙で日本政府に自国の利権、治外法権、関税権など一切を中国に還付するよう主張した。

無産政党の中国国民党支持を受けて、2月12日に神田の中国国民党駐日総支部（左派の神田派）招待の懇談会が開催された。労農党出席者が多くを占め、無産政党内で対中政策の意見交換を行う組織結成が呼びかけられた。こうして中国国民党左派・無産政党左派のイニシアティブで、労農党の対華非干渉運動が積極的に展開される。

この間、列強の領事館が襲撃された南京事件が勃発し、国民政府と列強との対立が深まった。また、4月12日に上海で蒋介石が反共クーデターを実行し、これまで列強帝国主義反対・対中出兵反対で共通していた無産政党内で立場のズレが生じる。

とくに社民党は中国共産党・第三インターの影響を牽制し、「四億」中国民衆の「自主的発展」、すなわち孫文の「三民主義」のもと国民革命を推し進めようという論になる。それゆえに上海クーデターを好意的に受け止め、5月に党幹部の宮崎龍介と松岡駒吉が南京に行き、蔣介石ら南京新政府と交流した。国民党右派と提携した社民党の対外方針は、東洋労働会議開催や、第三インターとは異なる「無産階級の東洋国際同盟結成」であった。労農党は蔣介石を「裏切者」と批判し、日労党はクーデターの背景に日本支配階級による「中間派の巨頭」蔣介石買収があるとした。問題意識が近い両党は対華非干渉運動では歩み寄りが見られる。ただその後は労農党主導で結成された「対支非干渉同盟」が運動を担い、日労党は社民党支持の南京政府と労農党支持の武漢政府の一致を求める立場をとった。このため、その後起きた山東出兵に対して、無産政党はともに帝国主義批判を打ち出しながらも統一戦線的な動きをとるに至っていない。

国政進出と弾圧

誕生まもない無産政党に対する有権者の審判が、1927年9、10月の府県会選挙（普選制度後の最初の地方選挙）だった。無産政党から204名が立候補し、当選者28名（労農党13、社民党3、日労党3、日本農民党4、地方無産諸党5）を出した。既成政党に遠く及ばないものの、支部組織結成や大衆運動が功を奏した労農党は一定の実績をあげ、日労党、社民党はその逆となった。

社民党は選挙結果を踏まえて、支部内の組織部設置や本部組織の強化、政策の充実などに取り組んだ。12月開催の党大会では、本部から党政策改正の議案が出され、「簡略」「抽象」だった「政策」が具体化された。

日労党は、10月の全国支部代表者会議で府県会選挙を自己批判し、「階級的統一的大衆党」で行く方針を固めた。この方針は、党大会（11月27〜29日）で報告された生活権獲得、徹底普選獲得、第54議会弾劾（既成政党打破）の3運動のスローガンとして具体化され、大衆への浸透に取り組んだ。

各党の模索の一方で、選挙後には合同気運が高まった。当時、合同問題を理論的にリードしたのが福本イズムに染まる第二次共産党から離れた山川均ら「労農派」（他に堺利彦、荒畑寒村、猪俣津南雄《いのまたつなお》、大森義太郎、鈴木茂三郎、青野季吉ら）であった。彼らが11月に創刊した『労農』で山川は共同戦線党論を提起し、無産政党合同を働きかけた。

11月には日労党から労農党、社民党へ合同が呼びかけられ、労農党からも全無産政党の無条件合同が提唱された。これまでと異なる労農党の合同方針の背景には日本共産党の方針転換があった。福本ら党幹部はコミンテルン執行部を説得するためモスクワに出向き、1927年2月から4月にかけてモスクワに着くが、コミンテルンの意向を受けてこれまでの党方針を自己批判させられた。

この結果を受けて、日本問題で新たに決定したのが、ブハーリンが起草した「日本に関するテーゼ」(27年テーゼ、12月完成し英訳がコミンテルン刊行物『インプレコール』で公表)だった。無産政党関係でいえば、共産党が労農党と日労党の合同に尽力するよう説いた。ただし、「共産主義者は、いわゆる『左翼』社会民主主義者〔日労党幹部を指すと思われる〕の裏切り的役割を特に粘り強く暴露しなければならない」との付記がある。

帰国した日本共産党員は12月に合同中央委員会を開催し、モスクワでの決定を承認し、新執行部で運動を開始した。「27年テーゼ」を受けて、『無産者新聞』112号(11月15日)は「すべての労農政党合同協議会を提唱す　政治的自由のための戦闘的統一を促進せよ」を掲載し、その直後に、労農党は先述の全無産政党無条件合同を提唱した。

これは各党の牽制がまさって失敗に終わるが、日労党は労農党(とくに福本一派)の「宗派的分裂主義」に自党の「統一主義」を対置させる形で合同運動に進む。これに対し、社民党は先述の党大会で第三インターの指令を「画一的妄信的」に強行する一派を批判し、合同には指導精神の克服が必要だとした。

とはいえ、無産政党は準備を整えながら、1928年1月に選挙協定を結び、初の国政普通選挙に臨んだ。無産政党からは8名が当選、内訳は社民党4、労農党2、日本労農党1、地方無産政党1となった。結党時から1928年春までの党員数を見れば最も数を伸ばしたのが社民党、逆に伸び悩んだのが日労党で、総選挙は党勢を反映した結果となった。

選挙の翌月、田中義一内閣は日本共産党関係者を治安維持法違反容疑で検挙逮捕した（三・一五事件）。全国で約1600名が検挙、約480名が起訴された。さらに治安警察法によって労農党、評議会などが解散を命ぜられた。国政進出で存在感を増していた無産政党にとっては打撃だった。

他方で、この合同問題は旧労農党にとって再興の機会になるものであった。解散まもなく旧労農党は新党樹立に向けて動き、発足した新党組織準備会から日労党に合同が持ちかけられた。上海に逃亡した日本共産党員からコミンテルン執行委員会委員に送られた書簡（4月下旬）によれば、「至急別名にて再組織に着手すると同時に、日労党及び民衆党との合同を進める方策を講ずる」方針に基づくものだった。

進む合同問題と満州事変

とはいえ、左派再建の道のりは厳しかった。旧労農党勢力は何度も党再建を試みるが、当局の解散命令や四・一六事件で成功していない。度重なる弾圧で日本共産党の指導力が弱まると、大山郁夫、上村進、細迫兼光は合法左翼政党設立を求めて新労農党樹立の提案を行い、1929年11月に労農党結党までこぎつけた（執行委員長大山、書記長細迫）。彼らと距離が生じた日本共産党は、コミンテルンから発せられた27年テーゼ批判と「社会ファシズム」論の影響を受けて、無産政党合同運動から離れ、武装闘争方針を採用していく。

右派の社民党は「大右翼」結成の旗のもと、議会での議員活動や地方無産党との合同で勢力を伸ばし、その成果は1929年の全国の市町村議会選挙での結果（東京5名、大阪11名などの当選者）につながった。他方で、9月の総同盟第三次分裂を受けて総同盟を出た大阪を中心とする勢力が社民党を脱退した。また、社民党の「右傾化」に危機感をもって社民党反動化防衛全国協議会を開催して宮崎龍介が社民党を除名されるなど、党からの離脱が続いた（社民党を離れた人々は1930年1月に全国民衆党を結成）。

両派よりも合同と分裂の波を被ったのが中間派である。1928年12月、日本労農党を軸に、労農派が同年7月に結成した無産大衆党、平野力三率いる日本農民党、九州民権党など地方無産政党があわさって（7党合同）、日本大衆党（以下、日大党）を結成した。

しかし、結党直後に党員の福田狂二《きょうじ》が麻生久や平野の醜聞を告発した清党事件が起きた。告発内容は正確ではなかったものの、平野は農民党運営に宇垣一成《うがきかずしげ》や田中義一から資金援助を受けていたこと、麻生、平野、高畠素之は宇垣の援助を受けて国家社会主義新党の樹立を画策したこと、麻生、平野は七党合同に際し田中から資金援助を受けていたことが背景にあった。

麻生の動向が興味深いが、結果的に旧日労党系の統制が強く働き、1929年5月には事件の解明を進めようとした旧無産大衆党幹部（鈴木茂三郎、黒田寿男、猪俣津南雄）と平野は党を除名された。旧無産大衆党幹部は日本大衆党分裂反対統一戦線同盟（分反）を結成するが、日大党と対立し稲村順三らの第二次除名、堺利彦らの第三次除名に至る。

こうして迎えたのが1930年2月の第2回普選総選挙だった。無産政党の議席は社民党2、日大党2、労農党1議席となった。昭和恐慌の影響が広がるなかでの選挙は無産政党に追い風となるはずだったが、議席数は後退した（総得票数は増加）。各党は無産政党議会対策共同委員会を立ち上げ、労働組合法と失業救済の各問題に取り組むかたわら、低調な選挙結果を分立状態によると考え、「合同問題」を必須課題とした。

翌3月には、吉野作造、下中彌《しもなかや》三郎《さぶろう》（平凡社創業者）、賀川豊彦を発起人とする無産政党合同促進協議会が設立された。また分反がもとになってできた、東京無産党など各地の無産政党が糾合されて同月無産政党戦線統一全国協議会（書記長・鈴木茂三郎）が結成された。さらに同協議会、日大党、全国民衆党が合同して全国大衆党（中央委員会議長・麻生久、書記長・三輪寿壮、以下、全大党）が7月に誕生した。復権した労農派が党内外から関与し、山川が実質的に起草したといわれる「大会宣言」では、全大党が共同戦線党と規定された。

共同戦線に動き出した全大党は、同年12月の全国大会で方針を固め、社民党、労農党に対して単一無産政党結成に向けた合同を提唱した。労農党は以前から合同に前向きで、翌年3月に全大党との間に無産党合同促進委員会を結成した。

合同に消極的だったのは社民党で、先の全大党の申し出も断った。とはいえ、１９３０年末の全国大会以降、二つの方向性が党内で露わになる。一つは無産政党合同に積極的な動きで、合同を求める人たちが社民党合同実現同盟を結成して党を除名された。もう一つは全国大会で決議された「日本経済改造案」（生産流通消費の国家統制）に見られる国家社会主義（国社）的志向である。

合同問題から見れば、全労党、労農党が結成した無産党合同促進委員会に社民党合同実現同盟が加わり、協議が進められた結果、1931年7月に全国労農大衆党（以下、労大党）が結成された。党内では圧倒的に旧全大党の勢力が大きかったが、労農党が加わったため、旧全大党内で政策立案に携わってきた労農派の位置が相対的に高くなった。

これは結党2カ月後に起きた満州事変への対応と関わる。全労党は9月18日の段階で堺利彦を議長とする本部会議を開き、戦争反対の声明書を発表した。同党内に設けられた対支出兵反対闘争委員会には堺（委員長）、鈴木らが参加し、委員会でまとめられた「対支出兵反対闘争方針書」も河野密《こうのみつ》が起草して浅沼が加筆、鈴木が大幅に修正して世に出された。いち早く帝国主義戦争反対の姿勢を労大党が打ち出したのは労農派の存在が大きかった。

しかし、満州事変の影響は別の形で労大党内に及んだ。労大党顧問の松谷與二郎《まつたによじろう》が事変後に中国大陸を視察し、満蒙権益擁護を記した意見書を11月に本部に提出した。これは松谷が本部の意向を汲んで収まったが、12月の全国大会後には党傘下有力労組幹部が党中央執行委員会に意見書を提出し、日本ではプロレタリアートの組織が弱い以上、国民のあらゆる階層の反資本主義的勢力を結集すべきだと訴えた。無産政党にとって本質的なこの問題提起は、実は麻生ら幹部にも共有されており、それゆえに麻生は国社政党の樹立を模索していたのだった。しかし、党は意見書を斥《しりぞ》け、労組幹部は脱党した。

以上の背景には、無産政党内で強まる国社的志向があった。この特徴が強く見られたのは社民党である。同党幹部の赤松は1920年代末頃から大川周明と接近し、1930年には国民社会主義を打ち出していた。こうした交流から社民党幹部の一部と大川、また大川と交流のある陸軍将校との接近が始まる。その帰結の一つが大川と陸軍将校が画策した三月事件（宇垣軍部内閣を目指す軍事クーデター未遂事件）への赤松らの協力だった。

この提携は継続し、大川や高畠の弟子が1931年10月に設立した日本社会主義研究所への赤松ら社民党幹部の協力につながる。この力学は社民党内部でも働き、赤松、島中雄三ら幹部は、国家社会主義のもとで党の実権を掌握しようとするが、最終的に片山哲らに敗れて成功せず、翌年4月に彼らは脱党して国家社会主義新党準備会を結成した。

先の労大党内の労組幹部の離反も同じ潮流に位置づけられる。これに続いて労大党では傘下有力労組幹部の近藤栄蔵が下中彌三郎と交渉して国家社会主義新党の樹立を目指し、労大党から離れて1932年3月に日本国民社会党準備会を結成した。これと、国家社会主義新党準備会が統一国社政党を立ち上げるはずだったが成功せず、5月に下中、島中、近藤、満川亀太郎らが幹部となる新日本国民同盟、赤松らが幹部となる日本国家社会党の二つの国社団体が生まれた。こうして、国社勢力が抜け出た労大党、社民党はその後、合同に向けて動き、7月に社会大衆党が生まれるのである。

〔参考文献〕

増島宏・高橋彦博・大野節子『無産政党の研究』（法政大学出版局、1969年）
渡部徹・飛鳥井雅道編『日本社会主義運動史論』（三一書房、1973年）
福家崇洋『戦間期日本の社会思想』（人文書院、2010年）
和田春樹・富田武編訳『コミンテルンと日本共産党』（岩波書店、2014年）
黒川伊織『戦争・革命の東アジアと日本のコミュニスト』（有志舎、2020年）

第4章　ロンドン条約・統帥権干犯問題

畑野　勇

問題の所在

1930年のロンドン海軍軍縮条約の締結をきっかけとして、国内にいわゆる国家改造運動（国家主義運動）が広まったことは、戦前の昭和史における最大の出来事の一つといえる。そのさなかの1933年11月に昭和天皇が、当時の侍従武官長であった陸軍大将本庄《ほんじょう》繁《しげる》に対して、「近時尚《な》ほ、倫敦《ロンドン》会議当時の事が世評に喧《かまびす》しき由《よし》なるが」、と前置きし、以下の二つが問題であったことを明言した記録がある。その問題点の一つ目は、当時の海軍大臣であった財部彪《たからべたけし》海軍大将が日本全権としてロンドンに到着する以前から「余りに露骨に日本の主張を宣伝し過ぎたる事が、一層国民を失望せしめたること」であり、もう一つは、当時の海軍軍令部長であった加藤寛治《ひろはる》大将が、「政府の回訓案にサインしながら、後に至り軍令部の意嚮《いこう》は政府の意見に同意する能《あた》はずと主張し、一層世論を囂々《ごうごう》たらしめた」ことであった。

本庄は自身の日記において、昭和天皇のこの発言が「倫敦会議当時の経緯なるものが、今尚ほ海軍部内は固《もと》より、国内不安の思想問題の由因《ママ》を為《な》せるを憂慮あらせられある」ものであること、そして「其《その》硬軟何《いず》れを是非せらるるにあらずして、手続の相違よりして、此《かく》の如く世論を沸騰せしめたるを遺憾とせられある」ようである、と観察している。

昭和天皇のこの発言は、本書の主題である「大衆・世論」が昭和史に果たした役割という視点からロンドン軍縮会議と、それに伴って生じた統帥権干犯《とうすいけんかんぱん》問題を考える出発点として、最適の材料であるように思われる。というのは、昭和天皇の回想において挙げられた問題点の二つとも、「国民」あるいは「世論」への影響を重視しており、これまでの間隙を埋める視点を提供していると考えられるからである。

そこで本章ではまず、昭和天皇が挙げた財部彪海軍大臣と加藤寛治軍令部長の言動を中心に、「政治的立場の是非」という観点にとどまらず、「手続き上の問題」の有無に重きを置きながら、改めて経過をたどってみたい。そのうえで、政府（浜口雄幸《おさち》内閣）や昭和天皇自身についても考察を広げることとする。

ロンドン海軍軍縮会議と統帥権干犯問題の経過

1930年1月、海軍補助艦制限のためのロンドン海軍軍縮会議が招集されてから、条約の締結を経て批准に至るまでの経過については、たとえば高等学校の日本史教科書において一通りの説明がある。そのような記述をもとに以下、冒頭に記した視点に関わる史実を含めながら経緯を概観し、そのそれぞれにおいて思い浮かぶ疑問と、その解明結果を列挙してみる。

⑴1929（昭和4）年7月に成立した浜口雄幸民政党内閣は、協調外交の方針のもと、同年秋に招請されたロンドン海軍軍縮会議への参加を決定し、若槻《わかつき》礼次郎《れいじろう》元首相を首席全権、財部彪海相を全権としてロンドンに派遣した。留守中の海相事務管理は浜口首相が兼任した。全権に財部海相が選定されたのは、かつてのワシントン軍縮会議のときに加藤友《とも》三郎《さぶろう》が首席全権として渡米したことの再現のように一見考えられる。だが、加藤友三郎ほどの部内統制力を持っていない財部が全権となることには、政府内でも懸念があった。たとえば、時の外務政務次官であった永井柳太郎が全権詮衡《せんこう》に関する意見書で、「幣原《しではら》〔喜《き》重郎《じゅうろう》〕男〔爵〕全権たらば、海軍大臣は無条件にて委任し、自身は内閣と海軍々令部方面との協

調に当るため、内地に留る意向なるが如《ごと》し。然《しか》るに幣原男全権たらず、海相自身他の首席全権と共に会議に臨むこととならば、出先全権と内地の海軍側と意見の衝突したる時、海相は窮地に陥るべく、延《ひい》て内閣を危機に瀕せしむる懸念なしとせず」と記している。そして、その懸念は現実のものとなった。にもかかわらず、財部が全権に任命された理由は、諸文献・史料を参照しても明示されていない。これは、財部が条約成立のための積極的・具体的な役割をどれほど自覚していたか、あるいは政府首脳が期待していたかについて、大いに疑問を感じさせる点である。

(2)このとき日本海軍はいわゆる「三大原則」として、以下の目標を掲げた。
①補助艦の総括比率は対米7割
②大型巡洋艦（排水量1万トン以下、8インチ砲搭載）の保有量は対米7割
③潜水艦は現有勢力を維持（保有量は約7万8000トン）
この「三大原則」について、財部は日本を出発する前に数多くの機会・場所において、絶対的な原則である旨を公言していた。たとえば1929年8月の地方長官会議で、対米7割比率を専門的また実際上から見ても断じて一歩も譲歩することのできない比率である

と言い切り、この時期の海軍長老として海軍省と軍令部の首脳に対し、大きな発言力を有していた伏見宮博恭王《ふしみのみやひろやすおう》や東郷平八郎《とうごうへいはちろう》元帥にも「三大原則は一歩も退かない」旨を明言したといわれる。だが会議の結果は、三大原則の実現を不可能とするものとなったため、条約が締結された30年4月以降に財部は海軍部内で人望を失ってしまい、自身の進退までも考慮せざるをえなくなった。その最も大きな要因は、伏見宮と東郷による、財部への強い批判（あるいは非難）であり、財部の早期辞任を求める主張であった。だがそもそも、会議の帰趨《きすう》によっては、その三大原則という目標の達成が困難となる可能性、あるいはその場合の国内への影響は当然予測できたはずであるが、財部がそれらの点にどのような見通しをもって会議に臨んだのかは、現在参照しうる文献史料（21年に芙蓉書房から刊行された、尚友倶楽部ほか『財部彪日記・海軍大臣時代』を含む）によっても明らかではない。これまでの研究の蓄積を眺めた限りでは、この点について財部に定見があったようには感じられないのである。

(3) 1930年3月15日、ロンドンの若槻から「松平・リード案」と呼ばれた日米妥協案で締結を望む旨の請訓が届いた。その骨子は、(ア)補助艦総括合計トン数で日本の対米比率が6割9分7厘5毛、(イ)大型巡洋艦（重巡洋艦）で同じく6割2厘3毛（軽巡洋艦および駆逐艦で7割）、(ウ)潜水艦は日米対等の保有量（5万2700トン）というものであった。

日本海軍にとっては、目標の三大原則の兵力量をやや下回るものであり、海軍省の山梨《やまなし》勝之進《かつのしん》次官や堀悌吉《ほりていきち》軍務局長などは、「国家大局上から受諾やむなし」との考えであった。しかし軍令部の加藤寛治部長、末次信正《すえつぐのぶまさ》次長らは軍事的専門家の観点から、「三大原則」を譲るべからずとの立場であった。このとき財部は、政府と海軍との板挟みとなって苦悩・動揺した、といわれる。彼はいったんは全権請訓電に名を連ねておきながら、3月26日の電報において、浜口首相と幣原外相に対し、「妥協案に同意することは至難であるから、決意を伴った中間案を提議すべき」という意見を寄せ、浜口や幣原を困惑させたという。しかし浜口は3月27日、昭和天皇に拝謁し、「世界の平和の為め早く纏《まと》める様努力せよ」との発言を受けて鈴木貫太郎《かんたろう》侍従長（予備役海軍大将）とも懇談し、締結への不退転の決意を固めた。

(4)浜口首相が日米妥協案に基づき条約を締結することを4月1日に閣議で決定し天皇へその旨の上奏をする前に、加藤軍令部長は3月31日の時点で日米妥協案反対の意見を天皇に述べる上奏（帷幄《いあく》上奏）を決意した。しかし鈴木貫太郎侍従長は、「軍令部と政府の上奏が異なる場合に天皇が一方の側に立たされる」ことを憂慮して、浜口首相上奏前の上奏中止を勧告し、加藤はそれをいったん受け入れた。

加藤軍令部長も末次次長も、これに先立つ3月26日に「海軍今後の方針」が部内で決定されるに際し、兵力量は政府が決定するものであることを承認している。さらに当時の海軍の二大長老であった東郷平八郎元帥と伏見宮博恭王大将も、政府回訓の決定後は「政府がいったん決定した以上、それに従うべきである」という旨言明していた。

(5) 4月1日、浜口は閣議前に、軍事参議官岡田啓介《けいすけ》大将、加藤軍令部長、山梨次官の海軍首脳を招き、条約調印への海軍側の理解を求めた。これに対して岡田は、海軍を代表して回訓案の閣議提出を認めた。このときの加藤の発言について、浜口や岡田は、「用兵作戦上は同意できないという主旨であり、政府の決定する回訓案に同意できないとまで述べたものではない」と解釈し、回訓案を閣議にはかって決定した。また海軍の要望に応じて、不足する兵力の補充に努めることも了承された。

加藤軍令部長はこの日に再度帷幄上奏を願い出たが、鈴木らの考慮によって上奏は回訓送付後の翌2日となった。これが後日、「統帥権干犯」論争が起こった際、鈴木侍従長による上奏阻止という非難を招くこととなった。

加藤が2日に帷幄上奏した内容は、当時の侍従武官長であった奈良武次《ならたけじ》陸軍大将の記録によれば、「米国提案に同意するときは、国防の遂行不可能なりと言ふにあらすして、米国提案に同意するときは、大正12年御策定の国防に要する兵力及国防方針の変更を要すと云ふに過ぎさる」というものであった。奈良は、これを「政府回訓への反対上奏ではなかった」として安堵した旨を記している。また、当時の海軍省軍務局長として条約成立に尽力した堀悌吉海軍少将は、奈良と同様に、政府回訓への反対ではないとして「世上之《これ》を回訓反対の上奏となすものあるも誤れるの甚しきもの」と結論している（加藤陽子『戦争の論理』）。堀によれば「統帥権干犯」の主張は、この一事例をもって成立しないことになる。

ただし、この上奏内容が、加藤が意図した通りのものであったと言い切れない点に、問題の複雑さがある。4月1日、翌日の加藤の上奏予定を耳にした岡田は、当時の横須賀鎮守府司令長官であった大角岑生《おおすみみねお》海軍中将を加藤のもとへ訪問させ、上奏文面案を内覧して字句の修正を行わせることを試みた。そして、後日大角が語ったところでは、「その原案は頗《すこぶ》る不穏当なもので、政府の軟弱外交を攻撃するやうな意味合で、国防の重責に堪へないといふ風なことまで書いてあつたのを、……『不穏な文字を用ひることは絶対によくない』と言つてすつかり削らせてしまつた」という（原田熊雄述『西園寺公と政局』第1巻）。この字句修正について、「加藤は快く承諾した」（『岡田啓介日記』）とされているが、彼がこのような大幅な主旨変更を簡単に許容した理由は、今に至るも明らかではない。

海軍史研究家の工藤美知尋氏が言う通り、「この時期の加藤の言動には、一貫したものがなかった。すなわち腹心の末次次長の突挙げに会うと態度は強硬になり、同郷（福井県）の先輩岡田軍事参議官より軽挙を戒められると、それにも応ずるかのようであった」、「加藤の胸中では、条約締結に対する同意と不同意とが絶えず交差していた」（工藤美知尋『日本海軍と太平洋戦争』上巻）という状況であった。「統帥権干犯」問題が発生したとき、加藤が簡単にその議論に影響されたのは、加藤がこれまで一般に印象付けられてきた「頑固一徹」という性格ではなく、財部と同様に言動の首尾一貫性が希薄であり、かつ外部からの影響を受けやすかったことによる、という説明が成り立つであろう。

(6)政府は1930年4月20日にロンドンの全権宛に回訓し、これを受けて22日にロンドン軍縮条約が調印され、先の日米妥協案を基本として日・英・米間での軍縮条約が締結された。以上、4月1日の政府回訓案の決定前後において、軍令部をはじめ条約反対派が主張したのは「国防兵力量の不足」という点であって、統帥権を問題視する動きはまったくなかった。ところが4月22日に第58特別議会が開会され、当時の野党政友会が倒閣の手段として「統帥権干犯」論を唱えて政府を追及しはじめると、この問題が一大政争に発展していった。

そもそも統帥権とは軍隊の作戦・用兵権などを指し、大日本帝国憲法第11条で天皇大権に属していた。それは陸海軍の統帥機関（陸軍参謀本部・海軍軍令部）の補佐のもとに発動され、政府も介入できない慣行になっていた。しかし兵力量の決定については、憲法第12条にあるように、いわゆる天皇の編制大権に含まれ、内閣（国務大臣）の輔弼《ほひつ》事項といえた。ここで軍縮条約反対派は統帥権を拡大解釈し、兵力量の決定も統帥権と深く関係するものとして、「政府が軍令部長を無視し、または軍令部長の同意を得ずして回訓を決定したのは統帥権干犯である」と攻撃したのである。この動きに応じて加藤軍令部長は態度を急変し、政府による今回の回訓決定が統帥権の干犯であると主張し、「兵力量問題は末である、統帥権の問題が大事である」というようになった。また東郷や伏見宮の態度も硬化して条約の破棄を主張するようになった。

このとき野党であった立憲政友会は、民政党内閣打倒のためには軍部や枢密院のように、閣外にあって政府に打撃を与えうる機構や集団と結びつき、あるいはそれらの勢力と政府との対立を利用することが必要と考えた。元老西園寺《さいおんじ》公望《きんもち》の秘書的存在であった原田熊雄はその日記に、「加藤軍令部長の強硬な言動の背後には末次次長、その背後には枢密院の平沼《ひらぬま》騏一郎《きいちろう》がいる」と述べているが、政友会の最大会派を率いていた鈴木喜三郎や幹事長の森恪《もりつとむ》も平沼との関係は緊密であったので、政友会が火を付けた浜口民政党内閣の倒閣運動は、広範囲にわたる勢力の連携によるものだったといえる。

(7)政府は、当時の衆議院の大多数の議席を民政党が占めていた帝国議会を乗り切ることはできたが、条約批准に先立つ枢密院の審査が通過するか、一時は危ぶまれた。が、加藤軍令部長は6月10日に天皇に直接辞表を提出して軍事参議官に退いた。そして海軍軍事参議官会議が条約賛成を天皇に奉答するに至り（7月23日)、次いで浜口内閣は枢密院における審議でも、10月1日に条約締結の諮詢《しじゅん》を決定させることに成功した。条約は10月2日に批准されたが、翌11月、浜口首相は東京駅頭で「政府が統帥権を干犯したことに憤激した」右翼の青年に狙撃され負傷、幣原喜重郎外務大臣が首相臨時代理に就任したが、内閣は翌年の4月に総辞職して浜口は8月に死去した。

統帥権干犯問題の収拾における浜口雄幸内閣と昭和天皇

前節までの記述で、ロンドン海軍軍縮条約の締結から批准以降の国内情勢の不穏化には、冒頭で紹介した昭和天皇の観察にある通り、財部や加藤の首尾一貫性や確固たる見通しを欠いた言動が存在したことを確認した。それでは、昭和天皇の発言に含まれない、政府(浜口民政党内閣)や天皇自身による影響はどうであろうか。その解明に先立って、一般に「北一輝《きたいっき》による造語」と広く考えられてきた「統帥権干犯」が、具体的にいつ、誰によって唱えられたのかという点の検討から始めたい。

まず、近代史家の小林龍夫氏が「統帥権干犯という言葉を最も早く使ったのは頭山満《とうやまみつる》を代表者とする軍縮国民同志会であろう。……〔4月〕4日代表数名が首相官邸を訪問して鈴木富士弥・書記官長に面会し、決議文を提示したうえ、政府が軍令部の意見を取入れずして回訓したるは、憲法第11条・第12条により明らかに『大権干犯』なりと思うと申入れた」(小林龍夫「海軍軍縮条約」『太平洋戦争への道』第1巻)と記している。また軍事史家の纐纈《こう》纐厚《けつあつし》氏が「4月21日に『帝国大学新聞』に掲載された論文(執筆は、当時の浜口内閣が憲法解釈を依拠していた東京帝国大学教授の美濃部達吉）に対する陸軍参謀本部の対応が、統帥権干犯論争が政治問題化した契機である」という旨を述べており（纐纈厚『近代日本政軍関係の研究』）、当時の評論家馬場恒吾《つねご》は、「『統帥権の干犯』を最初に言い出したのは野党の政友会だった」と1933年に記している（馬場恒吾「現代政治の段階」）。なお、当時の新聞の記事として、加藤の帷幄上奏のあった4月2日に発行された『大阪日日新聞』（3日夕刊）の、「統帥権干犯で批准の際一問題か　枢府が見逃すまい」という表題の記事において、「政府が最後まで反対せる軍令部の意向を無視して国防兵力そのものを限定拘束するの実質を持つ国際協定を成立せしめんとして、統帥権干犯といふやうな問題を生ずる場合もある」と記されているのが注目される。

以上のように、「統帥権干犯」を最初に提唱した者が北一輝・右翼団体・陸軍・政友会・マスコミのいずれであるのかの断定は困難である。ただし本章では、これらの多様な政治主体がロンドン条約の締結を境に、ほぼ一斉にこの問題を取り上げたことを重視したい。

日本政治外交史家の古屋哲夫氏が言うように、「ロンドン条約をめぐる政治的対立は直接には統帥権についての憲法論争として展開されていたが、その底では、浜口内閣の国際協調政策か、軍部の満蒙侵略政策か、政党政治か、軍部主導の政治体制か、という政治路線の選択をめぐって、諸勢力の関係が再編されつつあったのである。しかし、浜口内閣がこうした情勢をどれだけ的確に把握していたかは疑問であった。浜口内閣にも民政党にも、平和主義的諸団体の活動をたすけ、国民大衆に訴えて、国際協調＝軍縮の路線を強めようとする努力はみられなかった。浜口首相は元老・重臣層の支持に依拠し、強硬派との正面衝突を回避しながら、ともかくもロンドン条約の批准を実現しようとしていた」（以上、古屋哲夫「第59回帝国議会　衆議院解説」）。他方で、軍部や政友会、あるいは国家主義団体など、政府に敵対する側は、この「統帥権干犯」という抽象的なスローガンを旗印に、相互に連絡や連携を取りながら政党制や国際協調体制（ワシントン体制）の打破を目指すに至った。

なお、この条約締結の過程で浜口首相（会議開催中は臨時海相代理も兼務）が海軍省に自ら出向いて東郷平八郎のような海軍長老を直接説得することをせず、また第58帝国議会開会の時点で外務大臣であり、第59帝国議会の時点で臨時首相代理であった幣原喜重郎がそれぞれ、ロンドン軍縮条約の批准に関する答弁の際に不用意な失言を行ったことは、海軍部内の軍縮肯定派からも痛恨事として受け止められた出来事であった。

統帥權干犯で
批准の際一問題か
樞府が見逃すまい

軍令部が用兵作戦を掌《つかさど》る國防責任機關としての[illegible]の職責からいかなる行動をとるかは極めて重大であり注目されてゐたが加藤軍令部長は上奏案のごとく軍令部の[illegible]形式で説明をなし、軍令部は米案を骨《こつ》子とする兵力量には[illegible]を與へることが出來ないと説明してゐるので、この點は極めて重要な意味を持つと讀むべく帷幄上奏の内容についてはもとより知るを得ないが、もし右の點につき軍令部上奏したものとすればその意見として政府が最後まで反對せる軍令部の意向を無視して國防兵力そのものを限定拘束するの實質を持つ國際協定を成立せしめんとして、統帥權干犯といふやうな問題を生ずる場合もあるべくこのことが今日において[illegible]に政府の責任を解除するものではないとしても、將來條約が批准さ

『大阪日日新聞』1930年４月３日付

たとえば1930年4月に開会した第58議会において25日、浜口首相の施政方針演説に続いて壇上に立った幣原外相は、「今回の倫敦条約の規定中には、我々が交渉の決裂を賭しても争わなければならぬ程のものが無いのでありまして、……世間では我国が他国の圧迫に依て協定を強いられたものであるというが如き、全く事実の真相に無理解なる臆説もあるように伝えられております。私はここに之に対して弁駁《べんばく》を加うる程の価値を認めませぬ」（幣原平和財団編『幣原喜重郎』）と演説した。

この幣原の発言について、加藤寛治は、「幣原、外交演説に暴論を吐き、物議朝野に囂々たり」と日記に記し、また伏見宮も従来の態度を一変し、5月3日に岡田啓介に対して「幣原の議会における演説はもっての外《ほか》なり、また兵力量は政府が定める等の如き、言語道断なり」と発言して、条約の破棄を主張するようになったといわれる。

この問題について、ロンドン軍縮会議の経過を学術的に最も早い時期から研究してきた一人である小林龍夫氏は、「幣原外相一流の政治感覚の不足が、海軍側の疑惑と不満を高め、彼等を一層硬化させた。……幣原は『米英を相手に会議がほとんど行き詰ったが、どうしようかという最後の請訓が来た。これは思い切って纏《まと》めるより仕方がない。海軍の連中から説明なんか聞いていたら、とても纏りやせん。』と述懐している（幣原喜重郎『外交五十年』)。しかし当時海軍省の山梨次官、堀軍務局長は視野の広い理性家であったから、幣原外相が海軍省部の首脳者と腹蔵なく談合を重ねたならば、軍令部の不満を和げ、その収拾にあのような紛糾をおこさなかったのではなかろうかと思われる」(小林龍夫・島田俊彦解説『現代史資料』第7巻・資料解説)と記しているが、妥当な評価というべきであろう。

そして最後に、昭和天皇自身による、軍縮条約締結促進の方策に関する問題点を逸することはできない。日本近現代史家の筒井清忠氏は、3月27日に天皇が浜口に行った意思表明について、「天皇の国際協調主義・平和志向が表明された行為だが、当時の国内政治状況的にはかなり一面的な行為と言えよう。意見表明をしないのがベストであり、対立する両者の意見を聞き、できればさらに有力者の意見を聞いてから落とし所を図り間接的に伝えるのがベターなのである」(筒井清忠『昭和戦前期の政党政治』)と批判的見解を述べている。

実は昭和天皇には、同じ時期(1930年2月)に、筒井氏が「ベター」とした方策を実行した先例があった。当時の陸軍参謀総長であった鈴木荘六が退任するに際して、その後任として宇垣一成《うがきかずしげ》陸相が金谷範三《かなやはんぞう》軍事参議官を、上原勇作《うえはらゆうさく》元帥が武藤信義《のぶよし》教育総監をそれぞれ推薦して対立したことがあったが、このとき昭和天皇は閑院宮《かんいんのみや》元帥に相談したうえで、上原を呼び「非公式」の御下問で意見を聞き、上原の顔もたてたうえで金谷を後任者と裁定している。その同じ昭和天皇が、条約の請訓案について加藤軍令部長の意見を求めなかったのは、反対意見を承知のうえで迷いなく裁断したからと想像される（以上、秦郁彦『統帥権と帝国陸海軍の時代』）が、このときの天皇の言動が、自身のいう「手続の相違」という問題を重視していたら、その後の昭和史の展開はやや異なったものとなったかもしれない。

〔参考文献〕

馬場恒吾「現代政治の段階」（『中央公論』1933年8月）
原田熊雄述『西園寺公と政局』第1巻（岩波書店、1950年）
幣原平和財団編『幣原喜重郎』（同財団、1955年）
小林龍夫「海軍軍縮条約」（日本国際政治学会編『太平洋戦争への道』第1巻、朝日新聞社、1963年、新装版1987年）
日本国際政治学会編『太平洋戦争への道』別巻　資料編（朝日新聞社、1963年、新装版1988年）
小林龍夫・島田俊彦解説『現代史資料』第7巻（みすず書房、1964年）
伊藤隆『昭和初期政治史研究』（東京大学出版会、1969年）

古屋哲夫「第59回帝国議会　衆議院解説」（社会問題資料研究会編『帝国議会誌』第9巻、東洋文化社、1976年3月）
工藤美知尋『日本海軍と太平洋戦争』上巻（南窓社、1982年）
伊藤隆他編『続・現代史資料』第5巻（みすず書房、1994年）
加藤陽子『戦争の論理』（勁草書房、2005年）
秦郁彦『統帥権と帝国陸海軍の時代』（平凡社新書、2006年）
関静雄『ロンドン海軍条約成立史』（ミネルヴァ書房、2007年）
筒井清忠『昭和戦前期の政党政治』（ちくま新書、2012年）
尚友倶楽部・季武嘉也・櫻井良樹編『財部彪日記　海軍大臣時代』（芙蓉書房出版、2021年）

第5章　満州事変

熊本史雄

権益としての満蒙

　1931年9月18日に中国の奉天《ほうてん》郊外で勃発した満州事変は、戦前期日本の分岐点だと理解されてきた。事変を機に中国大陸へ進出し、軍事的占領、「満州国」の建国を経て国際社会から孤立した日本は、以後、戦争への道をひた走った、という理解である。内政面でも事変に呼応するかのように政党政治が潰《つい》え、軍部による政治的介入が強まり、文民による政治運用が制限されて戦争へ突入したとされる。

「十五年戦争論」といわれるこうした歴史観は、近年では修正されつつある。事変が一旦収束し（1933年5月「塘沽《タンクー》停戦協定」）、満州事変後から日中戦争に至るまでの期間を日中関係の調整期と捉え、事変後の日本が日中戦争、太平洋戦争へと単線的に進んでいったわけではないとする視座は、「十五年」を戦争一色で塗りつぶして理解することの危険性を教えてくれる。ましてや、「十五年戦争論」から演繹的《えんえきてき》に語られてきた、明治維新以来の近代日本があたかも「暗黒の時代」であったかのような言説は、再考を迫られるべきだろう。

ただ、事変後の日本が「戦争一色」ではなかったと解釈するにせよ、満州事変が戦前期日本の転換点だったことは間違いない。だとすれば、次のような問いを立てることも可能だろう。すなわち、「十五年」の準備期ともいえる事変勃発までの間、〝大衆〟は、満蒙権益に代表される日本の対外発展をどのように捉え、メディアを通じてそれをどのように〝世論〟として高めていったのか、という問いである。とりわけ満州事変が満蒙権益をめぐる日中の対立だと見るならば、事変を支持したとされる〝大衆〟の対外発展観や満蒙観を事変前の時代にまで遡って、〝世論〟という視角から通時的に掘り下げて検討することは重要だろう。

一方で、前満鉄副総裁でのちに外相を務める衆議院議員の松岡洋右《ようすけ》が第59議会（1931年1月）で「満蒙は日本の生命線」と述べ、「自主外交」を声高に主張したことも、つとに知られている。松岡はもとより、時の為政者や外交行政を担った外務省（外交官・外務官僚）は、権益としての満蒙をどう認識していたのだろうか。これもまた重要な問いである。

本章では、以上のような問題認識に基づいて、〝大衆〟と外務省（外交官・外務官僚）それぞれの対外発展観や満蒙観、さらには日中関係に対する認識を歴史的に紐解きながら、〝大衆〟と外務省（外交官・外務官僚）とが、満州事変にいかに向き合ったのか、さらに外務省は〝大衆〟と〝世論〟にはたして与《くみ》したのか、といった問題について論じてみたい。

日露戦争と〝大衆〟の登場

8万人以上の戦死者を出した日露戦争は、銃後を支える庶民にとっても苛烈な戦争だった。非常特別税の重課や、タバコ・塩などの専売制度の導入などによる物価の騰貴に、庶民とりわけ都市の細民は苦しんだのである。戦争に勝利し賠償金を手にできれば、この苦しい生活も楽になると信じた庶民は、重税に耐えた。ところが、日本はこの戦争にからくも勝利したものの、賠償金は得られなかった。これに失望した民衆は、暴徒と化す。

1905年9月5日、開催が予定されていた国民大会の会場である日比谷公園が警官隊によって封鎖されると、それを突破した者たちが市内各所の警察署、派出所、交番を焼き打ちし、政府系と目されていた国民新聞社を襲撃、さらに路面電車を襲い、教会も攻撃した。6日、政府は緊急勅令を発して、東京全市と近郊の郡部に戒厳令を敷くに至る。筒井清忠は、これをもって「ここで初めて日本の政治に群衆・大衆というものが登場してきた」（筒井清忠『満州事変はなぜ起きたのか』）と論じている。市井《しせい》の民としてそれぞれの職分と自己の生活とに忠実であったはずの民衆が、情報に煽られ非合理的に判断して直情的に行動する〝大衆〟へと変貌したのである。

実は、こうした背景には、講和談判の結果を非難するメディアの存在があった。たとえば『朝日新聞』は、同年8月半ば以降、「講和特報」との見出しを設け、談判の経過を連日報道した。31日には「日本譲歩説」との小見出しに続けて「償金は無く樺太《からふと》の半部を露国に渡す事に決す」と論じ、翌9月1日の社説では「終局の平和条件決定に関して、露国の命のままとなる」と嘆いた。さらに、日本が希求した「真平和」はロシアによって退けられ「偽平和」を強要されたと断じ、最後に「日本政府自ら日本国民を侮辱するに当たる」という煽情的な一文で社説を結んだのだった。「講和特報」を読んだ民衆が〝大衆〟化したのも頷ける。

一方、外交官たちは冷静だった。交渉に当たった外相で全権の小村寿太郎《こむらじゅたろう》は、交渉の地アメリカのポーツマスに出立する際、「万歳」を連呼して歓喜に沸き立つ群衆を前に、見送りに来た幣原喜重郎《しではらきじゅうろう》に向かって次のように語ったという。「おれが帰って来るときは、あれは皆モッブ〔暴徒〕になるんだ。おれに泥をぶっかけるか、ピストルを打ちかけるか、おれに危害を加える群集なんだ。それだから、せめて出発のときだけでも、万歳を受けておく方がいいよ」（幣原喜重郎『外交五十年』）。事実、談判の最終局面で南樺太の割譲をロシア側から引き出しただけでも、日本として最大限の成果を挙げたというべきだった。交渉の厳しさを彼の地に赴く前から予見していた小村は、それを日本国民に理解してもらおうなどと期待してはいなかったのである。日露講和の理解をめぐる、〝大衆〟と外交官の対照性が際立っていた。

小村寿太郎と小村欣一の認識

日露戦争で賠償金を得られなかった日本だったが、ロシアから東清鉄道の南支線を譲り受けることができた。1906年6月7日、明治39年勅令第142号「南満州鉄道株式会社に関する件」が公布され、半官半民の国策会社たる南満州鉄道株式会社が同年11月に大連に本社を置いて設立された。日本がロシアから譲渡されたのは、単に鉄道の運用権だけではなかった。撫順《ぶじゅん》炭鉱および煙台《えんたい》炭鉱も併せて経営し、各鉄道駅前などに設定された満鉄附属地での都市経営と一般行政（土木・教育・衛生）を担ったのである。鉄道を中核とする、広範囲にわたる利権を日本は手に入れた。

これを機に、小村寿太郎の満蒙観も変化していった。そもそも小村は、日露開戦前の段階では、「貿易上左《さ》して有望の地と認むる能《あた》わず」と、満州の経済的価値を低く見積もっていた（1901年12月7日開催の元老会議へ提出「日英協約に関する意見」）。当時の南満州は、都市としては帝政ロシアが造成したポート・アーサーとダルニー（旅順と大連）、および奉天がめぼしい程度で、「朔北《さくほく》の地」であった。ほかに山県有朋《やまがたありとも》なども同様に考えており、「満州経営はペイしない」という認識が、為政者たちの間で共有されていた。

だが、日露戦後の1905年10月、小村は「韓満施設綱領」という一篇の意見書を起草し、方針を転換する。この意見書で小村は南満州の開発計画を唱えた。具体的には、大連・馬山浦《まざんぽ》・神戸・博多の大規模築港、満州鉄道とシベリア・中国本土との連絡を提言した。東アジアの世界貿易の中心地を上海から南満州および神戸に移し、日本の経済発展を構想し、これをアメリカ民間資本の調達によって実現しようという試みである。満州地域の経済発展を重視する見解が形成されつつあった。

こうした認識が外務省内で継承されつつも部分的に修正され変化したのは、第一次世界大戦末期のことだった。これを主導したのは、他ならぬ小村寿太郎の長男、小村欣一《きんいち》だった。小村欣一（以下、小村）は、1914年8月から約5年半にわたって外務省政務局第一課長を務め、外務省にあって、最も先端的に満蒙権益の「捉え直し」を進めた人物である。では、具体的に見ていこう。

1918年1月8日、ウッドロウ・ウィルソン米国大統領がいわゆる「14カ条の平和原則」を含む議会演説を行った。これにより日本は、ウィルソンの意図する戦後国際秩序構想を東アジアの状況に照らしつつ読み取って、新たな外交戦略を描くことを強いられることになる。

「新外交」方針に基づき日本の満蒙地域での特殊性（いわゆる「勢力範囲」）を認めようとしない米国から、「勢力範囲」の承認を取り付けることが困難だと悲観した小村は、満蒙地域の「勢力範囲」承認の問題と、日本の中国本土への経済的進出を統合的に検討し始めた。

小村は、米国からの満蒙地域の「勢力範囲」について承認を得るには、諸列国から相互承認を取り付け、それを根拠に米国に迫るだけでは不十分で、中国との新たな向き合い方が必要だと考えていた。小村のしたためた意見書「講和に際し支那其他に於《お》ける排外的施設撤廃に関する件」を見てみよう（作成年月日未詳。ただし、冒頭の書込みと埴原正直《はにわらまさなお》が政務局長として花押《かおう》を据えている点とを勘案すると、１９１８年10月末から翌年にかけての時期と推定）。

注目すべきは、「公正なる方針」として語られている、冒頭の対中国方針である。「支那に対し苟《いやし》くも武断侵略的色彩を帯ふる政策態度を捨て衷心親善共益の方途を講し且支那民心の帰向に察し支那の正当なる欲求は日本に於いて率先提唱若《もしく》は実行せむとする」という方針は、「帝国の国際的地位に一新生面を啓《ひら》かむ」ことを企図していた。小村に言わせれば、それはつまるところ「帝国の対支経済的発展の為に必要」なアプローチだった。

この方針は、中国の「排外的施設を撤廃」させるための前提であった。同時に、そうした「撤廃」の先には、日本を含む諸列国によるそれら施設への関与が企図されていた。とりわけ、「鉄鉱閉鎖主義の法規」の撤廃は、中国本土への日本資本の投下にとって不可欠だった。「結局日支両国は勿論他外国も共に其《そ》の利益に浴すへし」という一文に、中国本土への経済的進出をうかがう野心が見え隠れする。

重要なのは、この資本投下策に米国をも引きずり込もうと小村が試みた点である。小村は、まず中国本土の「排外的施設」の撤廃を企図し、その撤廃された施設へ米国資本を投下しようと構想した。小村は、「勢力範囲」の撤廃が米国によってさらに強要された暁には、「新外交」呼応の姿勢を見せつつも、米国資本の投下対象として、少しでも多くの「施設」を確保しておくことが必要だと考えたのである。帝国主義的協調外交の論理と「新外交」のルールとを擦り合わせるかのごとき二正面作戦を構想した小村は、多分にしたたかだった。

換言すれば、この方針は、満蒙権益にいたずらに拘泥《こうでい》するのではなく、米国との協調路線を模索しながら、中国本土への経済的進出をも並行して図る戦略だったと評価できる。その後の日本外交の展開過程を見るならば、確かにこれは必要かつ重要な戦略だった。

事変勃発前の日中関係——台頭する中国

では、その後の、とりわけ事変を迎えるまでの1920年代の日中関係は、どのようなものだったのだろうか。そこには何が懸案事項として横たわり、両国はそれらの解決に向けてどのように協調して、あるいは対立していたのだろうか。

1920年代は、日中関係が大きな転機を迎えた時期である。むろん、第一次世界大戦中に日本が中国に強要したいわゆる「対華21カ条要求」も、日中関係を不調に追いやった愚策に違いない。ただ、近代国家として次第にその体制を整えてきた1920年代の中国は、列国に対するそれまでの従属的な地位を脱して、東アジア地域での自律性を高めようと模索しはじめていた。

その典型として二つの事例を挙げておこう。一つは、中国国民政府による革命外交である。革命外交とは、北伐の完了（1928年6月）以来、それまで中国（清国）が列国との間に締結してきた不平等条約を一方的に破棄するとした外交のことである。1930年11月には、中国は日本に対して漢口租界の返還を要求してきた。同様の革命外交は他の列国に対しても行われ、翌12月には英・米・仏など6カ国に対し、翌年2月末までに治外法権を撤廃するよう期限付きで要求した。

その勢いは衰えることなく、1931年4月14日、国民政府の王正廷《おうせいてい》外交部長は、重光《しげみつ》葵《まもる》駐中国代理公使に対し、以後、日本に対して五段階で実行していくという革命外交プログラムを伝えた。その内実は、中国側の要求する租借地回収には旅順、大連などの関東州も含まれ、さらに鉄道利権の回収には満鉄も含まれるというものだった。

このときの日中間には、「暗黙の了解」が共有されていた。「暗黙の了解」とは、満蒙問題などの難しい分野は後回しにして、関税自主権回復などの通商協定の整備や治外法権の撤廃といった協力可能な分野から日中の関係改善を図ろう、という趣旨の了解のことである。ところが王正廷は、「暗黙の了解」に依拠することなく、自らの提唱する革命外交プログラムを実施するとの方針を重光に一方的に伝えたのだった。

もう一つは、満鉄並行線問題である。並行線とは、文字通り満鉄に並行して走る中国民族資本による鉄道のことである。そもそも満鉄に並行する線路を建設することは、日露戦後の1905年12月に北京で調印された日清条約で禁止され、日中双方の了解事項だった。しかしながら、その解釈をめぐっては、双方間に齟齬《そご》があった。日本側は、満鉄がライバル線と認めるいかなる鉄道も中国側によって建設されてはならないと主張したのに対し、中国側は、満鉄の経営や価値を不当に侵害するために故意の目的で建設することはしないという意味だと主張した。その結果、1920年代半ば以降、日本側から見れば条約に違反した鉄道が相次いで建設される事態が生じており、両者間の見解の相違は、まったく解消されずにいた。

満州事変の直前、『朝日新聞』は並行線問題を取り上げている。1931年7月には「行き詰れる満鉄」と題する記事を三日間にわたって連載し、「殊《こと》に寒心に堪へないのは嘗《かつ》て満鉄がその培養線たらしむる目的で材料と技術とを貸与して敷設してやった吉長《きっちょう》、吉敦《きっとん》、四洮《しとう》、洮昂《とうこう》の諸線が今日では満鉄の培養線どころか、あべこべに満鉄を脅威する競争線」になっていると、危機感を露わにした。中国を非難したり、「革命外交」に有効に対応できない政府（浜口雄幸《おさち》立憲民政党内閣）を批判したりする見出しや記事も、紙面を飾った（「挙国一致内閣を組織し中国の暴戻《ぼうれい》を膺懲《ようちょう》　政界一部に硬論台頭」「満蒙問題の本質を無視　犬養総裁倒閣演説」『読売新聞』1931年9月4日付）。

「満蒙権益」という文言がメディアに頻出したのは、1931年における言論空間の特徴でもある。中央の総合雑誌だけでなく地方誌をも網羅した統計によれば、1930年にはわずか2件だった「満蒙権益」という文言の使用が、1931年には20件にまで急増している（雑誌記事検索データベース「ざっさくプラス」）。加えて、中国市場における日本製品の非売運動（ボイコット）も深刻な問題として報道された。中国に対する不満、さらには満蒙権益に対する不安が蓄積し、〝大衆〟の間には中国に対する強硬な〝世論〟が形成されつつあった。

万宝山事件と中村大尉殺害事件

そうしたなか、日本の対中国世論を刺激する、二つの事件が起きた。一つは、1931

年6月から7月にかけて起きた、万宝山《まんぽうざん》事件である。これは、満州の東北に位置する長春郊外の一小村（万宝山）で、中国人の土地仲介業者から中国人所有地の又貸しを受けた朝鮮人農民が水田耕作のために水路を作ろうとしたところ、水路が別の中国人所有地を横切ったとして中国人農民が工事差し止めを訴えた事件である。当初はなんの被害もなかったが、事件が誇大に報道されたため7月2日に朝鮮各地で反中国暴動が起こり、日中間での銃撃戦にまで発展し中国人死者100名を出してしまった。これを機に、排日ボイコットが高まる。

それに追い打ちをかけるように、8月17日に中村大尉事件が公表された。これは、中村震太郎《しんたろう》陸軍大尉が通訳を連れて兵要地誌の調査を目的に、満州の吉林省《きつりんしょう》洮南《とうなん》地域を旅行中、護照《ごしょう》（パスポート）を提示したにもかかわらず拘束され、一方的に殺害された事件である。

関東軍はこれを利用し、満州への軍事的進出の口実にしようと企てた。関東軍参謀の石原莞爾《いしはらかんじ》は、あくまで外交交渉で解決しようとする外務省の谷正之《たにまさゆき》亜細亜《アジア》局長の方針に納得できず、8月13日に陸軍省の永田鉄山《ながたてつざん》軍事課長に不満をぶちまけた電報を打ったという。

こうした陸軍の意向は、新聞を通じて〝大衆〟に届けられた。「解決遅延せば陸軍でやる中村大尉事件に軍部の態度強硬」との見出しが『朝日新聞』の第2面に躍ったのは、9月

2日のことだった。

一方の中国側は、事件の実態をなかなか把握できずにいた。9月4日には、「中村大尉事件事実無根」という見出しとともに、王正廷外交部長の「中村大尉虐殺事件は調査の結果全然日本側の虚構で事実無根」という談話が掲載され、日本外務省は同紙面でそれを「諒解に苦しむ」と一蹴する事態となった（『朝日新聞』）。センセーショナルな一連の記事を読んでいた〝大衆〟が中国膺懲論を支持し始めるのは、こうした報道が背景にあったのである。

事変の勃発

1931年9月18日夜、満鉄の奉天（瀋陽《しんよう》）駅から北方へ約8キロの柳条湖《りゅうじょうこ》付近で、満鉄の線路が爆破された。線路の軌道が数十センチ爆破されたものの、その直後に列車が無事に通過しているので、被害は軽微なものにすぎなかった。

ところが、満鉄付属地に駐屯していた関東軍は、突如いっせいに軍事行動を起こし、南満州の重要都市を占領しはじめた。満州の政治経済の中心地である奉天の30万余の市民は、一夜明けると、張作霖《ちょうさくりん》の根拠地である奉天城の城頭に日章旗が翻《ひるがえ》るのを目にする。関東軍は、爆破事件は中国兵の仕業だと発表した。

だが、満鉄の爆破は、関東軍による自作自演の策謀だった。事件の首謀者である石原莞爾は、2年前の中ソ戦争で満州に侵攻したソ連の軍事力の充実ぶりを警戒し、北方の防御を憂慮していた。さらに、張作霖の後継者となった息子の張学良《ちょうがくりょう》が蔣介石《しょうかいせき》との連携を深め反日的色彩を強めたことで、満州問題を外交によって解決することは困難だと認識し、日本の支配によって満州の地に安定と秩序を創り出すことが中国民衆にとっても「幸福」だと、考えるようになっていた。このため、満州の軍事占領を開始したのだった。

これに対して外務省は、不拡大方針を模索した。外相の幣原は、同日朝、首相官邸にかけつけ、若槻礼次郎《わかつきれいじろう》首相に臨時閣議の召集を要請した。10時からの閣議では、南次郎《みなみじろう》陸相に参謀本部と関東軍に連絡して正確な情報を収集するよう求め、政府としての不拡大方針が決定された。この方針は、19日午後2時から開催された、陸相の南、参謀総長の金谷範《かなやはん》三《ぞう》、教育総監の武藤信義《のぶよし》による陸軍三長官会議でも、「速やかに事件を処理して旧態に復するの必要あり」と了解された。三長官は、不拡大方針に理解を示していた。

一方、メディアは、これを大々的かつ煽情的に報じた。筒井清忠は、典型的な事例として、『朝日新聞』と『毎日新聞』(『東京日日新聞』と『大阪毎日新聞』)の報道のあり方をまとめている。それによると、同年末までの『朝日』の社説は54回、特電は計３７８５通にも達したという。筒井が指摘するように、10月１日の社説は満州独立肯定論ともいいえるもので、「今回の事変が発生するに至ったのは、元々支那側のわが権益無視と無視による冒瀆《ぼうとく》の結果である」と、中国側の非を唱えていた。

『大阪毎日』も論調は同様で、９月23日には「然《しか》らば如何《いか》にしてその局を結ぶべきか。（中略）それについては、先《ま》づ我国の満州における特殊地位を考慮に入れ、奉天政府の（中略）かかる行為の将来に繰返されざる保証を確保することを要件とする」と説いたうえで、「日本はまさに支那のために、国威と利益を蹂躙《じゅうりん》された被害者」と、中国を非難した。事変の原因は中国にあり日本はその被害者であるとの論調が、このときの新聞に共通していた。

外務省は〝大衆〟と〝世論〟に与したのか？

実はこうした見解は、外相の幣原もその後に示すことになる。同年11月15日に幣原が沢田廉三《れんぞう》連盟事務局長に宛てた電報第１９４号には、次のようにあった。

今日の日支紛争は、支那革命外交の暴状が連盟規約、不戦条約の規定に正面より抵触することを巧みに避けつつ、其《その》精神を蹂躙して組織的に逐次列国権益の侵害、駆逐を図り、結局満州に於《お》ける我が重大権益を根底より覆《くつがえ》さむとする迄に及びたるに端を発したるもの（後略）

（『日本外交文書』満州事変、第一巻第三冊）

幣原は、今次の事変の原因は、ひとえに国民政府が展開した革命外交にあるとして、その非を声高に主張したのだった。幣原は、日本こそが革命外交によって揺さぶられ謂《い》われ無き不利益を蒙っているという認識を示したのである。

では、幣原は、結局のところ〝大衆〟の唱える〝世論〟に与してしまったのだろうか。そう考えるのは、早計だろう。確かに、新聞論調と幣原の電報の内容は、中国側に事変の責任を求める点や、日本を被害者として見立てる点で近似している。しかし、満州事変期の幣原は、亜細亜派（アジアとりわけ満蒙における日本権益の地理的・歴史的特殊性と正当性を主張する政策派閥）の当時筆頭と見られた亜細亜局長の谷正之に、事変対応をはじめとする実質的な対中国政策を制御され、省内でリーダーシップを発揮しきれない「逆説としての外務大臣」にすぎなかった。その根底には、セクショナリズムが省内に浸透した、官僚組織たる外務省特有の事情があったのである。

少なくとも、当時の外務官僚は、自分たちが世論に与したなどとは考えていなかった。第一次幣原外相のもと、通商局第三課長を務めた石射《いしい》猪《い》太《た》郎《ろう》は、その回想録『外交官の一生』で「外交ほど実利主義なものがあるであろうか」と述べ、そうした外交政策を遂行するうえで「外務省から見れば、わが国民の世論ほど危険なものはなかった」と、〝世論〟と距離を取ることの重要性を明確に指摘している。これに鑑みれば、外務官僚たちの対外認識や外交観や価値観は、世論やメディアとある程度一線を画したものとして捉えるべきで、先に見た幣原による中国責任論の言説は、〝世論〟に与した結果というよりは、複雑な省内事情が反映され、亜細亜局を中心に形成されたものと見るべきだろう。

だが、外務省内のそうした事情や内情は、省外の人間には伝わりづらく、わかりづらい。ジョセフ・グルーは、1932年6月、駐日アメリカ大使として日本に着任する。そこでグルーが目にしたのは、満州国建国を正当化し、それに熱狂する日本人の姿だった。国際連盟総会で、日本全権の松岡洋右が連盟脱退を宣言した日、グルーは日記に次のようにしたためた。

今日、内閣は（中略）国際連盟を脱退することを決議した。（中略）私自身の推測は間違っていた。ごく最近まで私は日本がこれをやると思っていなかった。しかしこれは満州国をいそいで承認したことその他、今まで日本がやってきたあらゆることとの線に、ちゃんと沿っているのである。（中略）軍はいまだに優勢で、いまだに恐怖政治の独裁制を構えている。

（1933年2月20日条）

知日派のグルーの目にすら、外務省とメディアの満州事変観は一体のものとして映ったと思われる。ましてや、国際社会が外務省内の事情や内情を汲み取るのは不可能だったろう。

「政治は結果が全て」との原則に従えば、いかに外務官僚たちが〝世論〟と距離を取り、高踏的に振る舞おうとしたところで、国際社会は日本の満州事変での行動を認めなかった。その意味では、権益としての満蒙の特殊性を支持して渦巻いた〝大衆〟と〝世論〟とに、外務省は巻き込まれていたと考えるべきなのかもしれない。

〔参考文献〕

臼井勝美『満州事変』（中公新書、1974年）

小林道彦『日本の大陸政策』（南窓社、1996年）、のち改題して『大正政変』（千倉書房、2015年）
奈良岡聰智『対華二十一ヵ条要求とは何だったのか』（名古屋大学出版会、2015年）
筒井清忠『満州事変はなぜ起きたのか』（中公選書、2015年）
筒井清忠『戦前日本のポピュリズム』（中公新書、2018年）
熊本史雄『幣原喜重郎』（中公新書、2021年）

第6章　血盟団事件、五・一五事件——公判と世論

小山俊樹

テロリズムと世論の転換点

1932（昭和7）年、政財界の中心人物を斃《たお》したテロ事件が相次ぎ発生した。血盟団事件と五・一五事件である。

この年の2月9日、衆議院議員総選挙の応援演説に駒本小学校へ入ろうとした井上準之助（前大蔵大臣）が、小沼正《おぬましょう》に背後から狙撃されて絶命した。続いて3月5日、三井銀行本店前で団琢磨《だんたくま》（三井合名会社理事長）が、菱沼五郎《ひしぬまごろう》に射殺された。小沼と菱沼はともに茨城出身の青年で、元大陸浪人の日蓮宗僧侶・井上日召《にっしょう》（井上昭）の指導を受けて暗殺に及んだ。日召と彼に率いられた一派は、主任検事木内曽益《つねのり》によって「血盟団」と名付けられ、一連のテロは血盟団事件と呼ばれた。

さらに5月15日、国家改造を目的とする海軍将校・陸軍士官候補生18名が、首相官邸・内大臣官邸・警視庁などを襲撃し、犬養毅《いぬかいつよし》（首相）を射殺した。いわゆる五・一五事件である。このとき農本《のうほん》主義を唱える橘孝三郎（水戸愛郷塾長）の指示で、愛郷塾生20名が東京府・埼玉県の変電所施設を襲った。また国家改造運動の指導者の一人、西田税《みつぎ》も銃撃されている。

血盟団事件と五・一五事件を起こした犯人たちの一部は、同志の関係にあり、ともに大正期以来続いてきた国家改造運動の潮流に強い影響を受けていた。その意味で、両事件は軍人と民間右派を主力とする国家改造運動による実力行使の側面が、一般世間の表面に現れた最初のものといえる。また事件の裁判が公開・報道されるなか、国民世論が過熱化し、犯人たちの減刑を求める運動が高揚していく。この裁判については、筒井清忠が「腐敗堕落した」権力を打倒せよという国家改造運動の主張が、公判を通して世間一般に広く認知されたとしている（筒井清忠『二・二六事件と青年将校』）ように、日本社会に与えた影響が少なくなかった。

他方で、同じく国家改造運動の流れにありながらも、陸軍将校が主体となった三月事件や十月事件（1931年）、そして二・二六事件（1936年）などと比べると、海軍将校や民間人によって起こされた血盟団、五・一五の両事件にはやや異なる背景があった。本章では、これらの相違する部分に注目して、両事件の特色を提示したい。その特色に、国民世論を動かした一因があったと筆者は考えるからである。さらに両事件の公判を通して国民世論が熱せられ、減刑嘆願運動を盛り上げていく過程についても検討し、昭和戦前期におけるポピュリズム喚起のメカニズムを考察したい。

海軍軍人の「昭和維新」――蹶起の背景

1919（大正8）年、革新派国家主義者の大同団結を象徴する団体「猶存社《ゆうぞんしゃ》」が結成された。猶存社は北一輝《きたいっき》・大川周明《おおかわしゅうめい》・満川亀太郎《みつかわかめたろう》・高畠素之《たかばたけもとゆき》・安岡正篤《やすおかまさひろ》らを中心に、北の『国家改造案原理大綱』（のち加筆され『日本改造法案大綱』。以下、『大綱』）を行動要領にすえて、改造国家の建設を掲げた。北の思想は、改造のための武力と、それを担う軍人を重視する。武力によるクーデターで戒厳令を布告し、憲法を停止して国家改造を実現する政権を天皇のもとに樹立する北の革命プログラムは、多くの軍人に影響を与えた。当時の世相は軍縮を是としており、軍人の権威は低下しつつあった（第1章）。北が『大綱』で説く「剣の福音」には、屈従を余儀なくされる軍人たちを鼓舞する響きがあったと思われる。

北の思想に親しむ軍人は増えていったが、それは基本的には陸軍軍人であり、海軍軍人ではなかった。クーデターやその原動力となる兵力を重視する場合、海上での戦闘を前提とする海軍の役割は乏しいからである。

だが例外となる人物が一人いた。それが海軍革新派のリーダーであり、事件の隠れたキーマン・藤井斉《ひとし》（海軍少佐）である。藤井は養父などの影響で、幼いときから白色人種の搾取に悩むアジアを解放するという、いわゆる「大アジア主義」の思想に親しんでいた。そして北や大川らの国家改造論も、欧米に媚びる支配層を打破し、大アジア主義を実現するとの主張に結びついていた。北の高弟、元陸軍軍人の西田税と投合した藤井は、西田を通じて北の思想に親しんだ。西田税が1927年に天剣党という組織の創設を企てたとき、藤井もまた西田の影響のもとこれに参加し、翌1928年には王師会という独自の組織を海軍部内に創設しようと図った。ただ、天剣党綱領には高らかに「『日本改造法案大綱』を経典とせる実行の剣」と、北の『大綱』が掲げられているのに対して、藤井の王師会宣言には『大綱』への言及はない。藤井は北らの思想を理解しつつ、その陸軍中心的な限定性も意識していたのであろう。

海軍軍人という独特の背景があった藤井の活動は、他にない特徴をもっていた。藤井は海軍や陸軍の部内はもちろんのこと、あらゆる階層、組織のなかから同志となる有意の人材を見出して、運動を多方面に拡張しようとした。その結果、藤井の活発な行動は、数多くの国家主義者の相互交流を促してゆく。天剣党事件で一時絶縁に陥っていた西田税と陸軍青年将校を再び結んだのも藤井であったし、安岡正篤が運営する金鶏《きんけい》学院に所属していた旧七生社《しちせいしゃ》（上杉慎吉《しんきち》主催の学生団体）の四元義隆《よつもとよしたか》らを運動に引き込むきっかけも作っている。

このなかで、事件につながる重要な意味をもつのは、権藤成卿《ごんどうせいけい》や井上日召との出会いである。1930年初め頃、茨城の霞ヶ浦航空隊に入った藤井は権藤と直接の面識を得た。以降、藤井は権藤を「現代における第一の経綸家《けいりんか》」と絶賛し、急速にその思想に傾倒する。権藤の主著『自治民範』は、皇室を中心とし、農民が全国民の基礎となって自治を行う姿を、日本古来の伝統とする農本主義的社稷《しゃしょく》国家の理想を説いている。藤井が感銘を受けたのは、権藤の所説が「大化の改新」などの「廓清《かくせい》」を賞揚し、特権階級の排撃《はいげき》を肯定していたことや、革命が一代では成らず、一定の思想による「廓清」が半永続的に繰り返される必要があること、などを歴史的に提示していたためと思われる。「権藤先生の自治思想を以《もっ》て国礎を固め、人物の続出、革命の長養をなさん」（九州の同志への手紙、1930

年8月21日付）と述べる藤井は、同志と見る人物に広く権藤の著書を配って回った。そして藤井は『大綱』に代わる国家改造プログラムを、権藤に期待した（権藤宛書簡、１９３１年12月18日付）のである。

　権藤の知遇を得た藤井は、同じ頃に井上日召やその門弟たちと出会う。藤井は「この地方（茨城県下）には青年に二、三、中年に二名真の同志あり」（九州の同志への手紙、１９３０年1月22日付）と書いているが、ここでいう茨城の「同志」には日召とその門弟が含まれていると思われる。日召は権藤と異なり、理論的な裏付けは乏しかったが、その行動力や、革命への考え方に独自の点があった。それは革命による自己の栄達を顧みない「捨て石」主義ともいうべきものであり、「天下取り」の野望と異なる心情が、藤井には新鮮に映った。そこで藤井は日召らに「革命の機運」を起こすため、週末になると日召らのいる大洗《おおあらい》護国堂に通った。当時は「同志倍化」を目指して合法的な活動を考えていた日召も、革命へのエネルギーに満ちた藤井の勧説を受けるなかで、非合法手段の選択を考慮し始める。

　権藤や日召ら民間右派は、陸軍中心の思考をもたず、むしろ軍閥独裁に至る道を警戒さえしていた。藤井はその点を踏まえながら、彼らを陸軍と協同させて「陸・海・国民の三軍」によるクーデターを実現させようと考えた。「頼むべきは、西田、北、権藤、井上の数氏」とし、「陸海民間に数十の血盟死士」を得た藤井の革命構想は、当時政治問題となりつつあったロンドン海軍軍縮条約（第4章）を発端として、本格化していく。

焦りと決断——蹶起の目的

1931（昭和6）年8月26日、「郷詩会」（名称はカムフラージュ）と称する会合が、神宮外苑の日本青年館で開かれた。ここで陸軍青年将校と西田税のほか、血盟団事件の中心となる井上日召とその門弟（小沼正・菱沼五郎ら）、橘孝三郎ら水戸愛郷塾の関係者、そして海軍からは藤井斉のほか古賀清志・三上卓・山岸宏・村山格之ら、後の血盟団事件、五・一五事件、そして二・二六事件に関与する人物が一堂に会した。会合の目的は、すでに進展していた大川周明や橋本欣五《きんご》郎《ろう》（桜会・佐官級陸軍将校）らのクーデター計画への対応を協議することにあった。ただし、この会合は具体的な役割などを決定せず、それぞれ今後の連絡方法などを取り決める程度のものであった。具体策を欠く内容に、海軍側や日召一派は不満であった。

9月18日に発生した柳条湖《りゅうじょうこ》事件に始まる満州事変（第5章）に呼応して、大川らのクーデター計画がいよいよ実行の運びとなると、日召一派が要人暗殺の役割を受け持つことになった。ところが計画は暴露し、橋本欣五郎らが一時拘束された（十月事件）。これを契機に、国家改造運動は足並みを乱しはじめる。

まず計画が露呈した原因をめぐって、橋本・西田の間に亀裂が生じた。日召一派や陸軍青年将校らは橋本らの権力奪取志向を嫌い、西田との関係を強める。ところが12月に若槻《わかつき》礼次郎《れいじろう》内閣が閣内不一致で総辞職し、犬養毅内閣のもとで荒木貞夫陸相が誕生する。西田や陸軍青年将校のグループは、荒木陸相に期待して非合法手段を避ける姿勢を見せた。その年末、今度は西田と井上日召の間に衝突が起こった。日召一派とそれに近い海軍グループは孤立し、先鋭化していく。

1932年1月、井上日召の一派と古賀清志ら海軍将校は、2月11日の紀元節にテロを断行することを決めた。ところが同じ月、第一次上海事件が発生したことで海軍将校らが中国へ出征し、さらに海軍グループのリーダーであった藤井斉が上海で戦死する。ここにおいて、日召一派は「一人一殺」の単発テロ決行に踏み切り、井上準之助・団琢磨を殺害した（血盟団事件）。さらに日召から後事を託された海軍の古賀清志は、三上卓ら海軍将校の一部、陸軍青年将校グループよりも積極的な陸軍士官候補生の一団、橘孝三郎ら愛郷塾関係者、および日召一派の残党をまとめ、さらに大川周明の援助を得て、首相官邸などの襲撃に及んだのである（五・一五事件）。

このように事件へ至る経緯を見ていくと、血盟団、五・一五事件の関係者が、陸軍を中心とする国家改造運動と密接な関係をもちながらも、それとは異なる結束を保ち、最終的には独自に行動したことがわかる。彼らは陸軍将校らの一部にあった権勢欲を嫌い、自らを国家革新のための「捨て石」と位置付けた。さらに五・一五事件について、首謀者の古賀は次のように回想する。

陸軍、海軍、それに民間と、三者が一体となって改新のために立ち上ることが、私たちの行動に大義名分を付することであった。とくに、苦しんでいる農民が止むに止まれず蜂起した、という態勢にすることが必要だった。この行動に与える影響が、それで大きくちがってくる。愛郷塾の人たちを仲間に加えたのは、私が無理に引っ張り込んだ、といってもいいと思う。

（古賀不二人［清志］「初めて語る五・一五事件の真相」『文藝春秋』1967年6月）

古賀による当初の構想では、事件は大規模なクーデターになるはずであった。だが陸軍将校が参加せず、海軍将校も全員が集まれないなかで、計画の露見は間近になっている、という焦りが古賀にあった。結果として彼らは犬養首相を暗殺するが、十分な準備がなされなかったことで、それ以外の計画はほぼすべてが失敗に終わるという、テロ事件としてもずさんな内容に終わった。

だが襲撃の対象や規模を最小限に絞り、目的の大部分を犠牲にしつつも、古賀が重視したのは、陸軍・海軍・民間の三者、とくに「苦しんでいる農民」が蜂起するという「大義名分」であった。このことは、事件後の公判に大きな影響を及ぼし、国民のなかに強い同情と共感を巻き起こすきっかけを作るものとなる。

事件直後の減刑運動

犬養毅首相の暗殺は、世間に大きな衝撃を与えた。わずか3カ月前の総選挙で大勝した政党の党首であり、国民的な知名度と人気のあった犬養の死は、人々の同情を寄せるところとなった。その一方で、五・一五事件では被告への減刑嘆願運動が盛り上がったとされるが、実は事件の発生から1年ほどの間は、右派団体を中心とする運動はあったものの、一般の大衆はほとんど関心をもっていなかった。

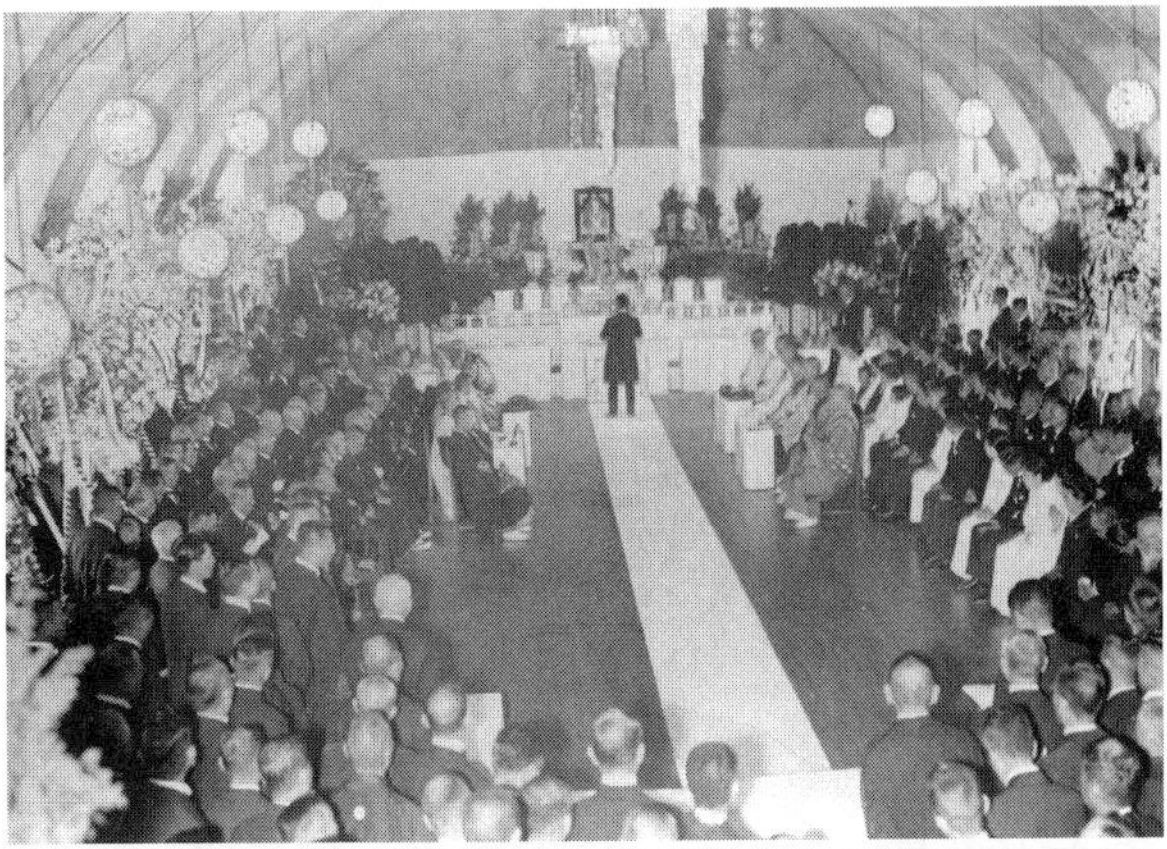

5月19日に永田町の内閣総理大臣官邸で営まれた犬養毅首相の政友会党葬。約500人が参列。弔辞を読むのは鈴木喜三郎新政友会総裁（写真／朝日新聞社）

いくつかの例を挙げよう。事件で逮捕収容された愛郷塾生のなかに、病を得て死亡した者がいた（1932年12月）。右派団体はこの塾生を「昭和維新の先駆者たる五・一五事件の犠牲者」と位置付け、国民葬と称して約400名を集めて、盛大に葬式典を行った。ところが、その後に塾生の自宅で行われた本葬儀の会葬者はわずかに20名あまり。同じ地域の一般的な式よりも「寧《むし》ろ寂寥《せきりょう》の感」があったのみならず、「会葬者は死者の主義に対し殆《ほと》んど無関心の情態」であったという。この時事件に対する右派団体の注力は、この時点で一般世間からは乖離《かいり》している面があったといえよう。

またある愛郷塾生は事件後、塾長橘孝三郎の減刑や保釈を求める運動を行ってきたが、世間の人々からはほとんど「何等の反響」もなかった。そこで天皇への直訴を考えたが、未遂に終わった末に検挙された（1933年1月）。事件について世間に訴えようにも、その反応は非常に乏しかった。

1933年5月、五・一五事件に関する概要が、陸軍・海軍・司法の3省合同で発表され、同月のうちに陸軍・海軍の軍法会議および東京地裁において、被告人の起訴処分が決定した。同事件については、海軍青年将校と、陸軍士官候補生、および民間人はそれぞれ別の法廷で裁かれることになった。この前後に、各右派団体は「五・一五事件記念運動」と題して、ビラの撒布や神社参拝などの活動を行ったが、すでに事件から1年が過ぎたこともあり、「一般民衆の関心」は「やや薄らぎ」、大きな反響はなかったという。

ただし事件の公表に伴い、世論の一部には変化の兆しも現れた。それは全国各地の軍人や在郷軍人などの反応から始まった。事件概要の公表にあたって、荒木貞夫陸相・大角岑《おおすみみね》生《お》海相は談話を発表し、それぞれに被告である軍人たちを「純真なる青年」と称《たた》え、彼らの心事に「涙なきをえない」などと同情する姿勢を明らかにした。先の三省合同による事件概要にも、被告たちの動機として「近時我が国の情勢」が「あらゆる方面に行詰りを生じ」ており、その「根元は政党、財閥及《および》特権階級互に結託し、只私利私欲にのみ没頭し国防を軽視」したこと、などと被告の主張が要約掲載された。こうした軍当局者の姿勢を受けて、軍人や在郷軍人の間には、直接行動は批判されるべきだが「犯行の動機及其《その》純情」には同情せざるをえず、「為政者、財閥等」は「一大猛省を要す」といった反響が上がりはじめたのである。

被告減刑に向けた国民運動の興隆

軍を中心に始まった被告への同情論に、世論が強く反応するのは、事件の公判が開始された後のことであった。同年6月に血盟団事件、7月には陸軍・海軍の公判が始まり、被告らの主張が新聞メディアを中心に発信されたのである。

陸軍・海軍の被告らは、特別に新調した軍服に身を包み、軍法会議に臨んだ。ここで注目したいのは、陸軍軍法会議である。ある新聞記者の傍聴記を以下に引こう。

陸軍側の軍法会議は一篇の脚本を読んで行くやうに、一回の危機も孕《はら》まず、一片の暗影も止めず、呆気ないほどスラスラと進行した。(中略)同じ事件の一翼ではあつても、海軍側が主役であり、陸軍側は従犯であつた関係もあるが、もつと重要なことは、七月十九日の歴史的な大論告に於《お》いて、陸軍の匂坂《さきさか》（春平）検察官は、「被告等は当初より死を覚悟して居り、憂国の赤誠《せきせい》に燃えて一片の私心なく、その純真無垢なる殉国的精神より出《い》でたることはこれを認める。」とハツキリ断定したことである。若《も》しもこの情状論の一節が欠けてゐたとしたら、陸軍の軍法会議もあれほどスラスラとは済まなかつたであらう。陸軍の検察官は極めて率直に、事件発生の本質に対して、鮮かにも「認」の太鼓判を捺《お》したのである。

（三室葉介［読売新聞記者］「陸軍軍法会議を聴く」）

元陸軍士官候補生たちの裁かれる陸軍軍法会議では、判士（裁判員にあたる）や検察官に至るまで、裁判の関係者が被告に寄り添う態度を見せた。西村琢磨判士長（砲兵中佐）は初日の公判後、控室で被告に同情のあまり号泣したという。また匂坂検察官の態度は、右の論告引用にも明らかである。

すでにこの頃の陸軍は、五・一五事件の後に政党政治の停止を主張し、政治の「革新」を目指す態度を明確にしていた。元候補生たちは直接首相に銃撃を加えておらず、従犯のため重罪にはならないと想定もされていた。きわめて有利な法廷の場で、元候補生たちは思う存分に素志を述べることができたのである。曰《いわ》く、特権支配階級の腐敗。曰く、深刻な不況にあえぐ農民や労働者の窮状。それを放置する政治の無策。「これらの慨世憂国の言葉は咽喉元に向つて擬せられた匕首《あいくち》のやうな鋭さと凄みを以《もっ》てその目的物に迫り、極めて強く国民大衆の胸に触れて行つた」と、先の傍聴記は記す。

さらにこの公判の前後には、満州事変などをきっかけとして、新聞メディアも陸軍への接近を始めていた。すでに述べたように事件の直後、陸軍の要望によって、新聞は軍の威信にかかわるような事件の詳報を禁じられていた。地方紙のなかには、桐生悠々《きりゅうゆうゆう》の『信濃毎日新聞』のように事件を批判する報道もあったが、在郷軍人の不買運動などの影響力は強く、地方紙もほどなく論調を変えていく。陸軍の「認」を得た被告の主張が、国民へ広範に伝えられる素地はすでにできていたのである。これらのことを考えると、古賀海軍中尉が事件計画の段階で、陸軍の一部分を取り入れるために陸軍士官候補生のグループと結んだことは、結果として、世論の後援を得るうえで重大な意味があったと見ることができよう。

他方で、海軍側の公判基調は陸軍と異なっていた。その理由は、海軍将校が計画の中心を担ったことに加えて、海軍側の被告が軍縮政策を批判したことにある。1930年に調印されたロンドン海軍軍縮条約をめぐる海軍部内の対立には、まだ完全な決着はついておらず、軍縮を支持する海軍軍人たちも存在していた。被告の級友や教官、あるいは軍縮条約に反対する軍人たちは被告を応援したが、それは海軍部内の統一された声では必ずしもなかった。

9月11日、海軍軍法会議の山本孝治検察官は法廷で論告を行い、3被告に死刑を求刑した。論告は被告の犯行の違法性を指摘して、直接行動を非難し、さらに「軍人勅諭」「軍人訓戒」を引いて軍人の政治関与自体を強く戒めるものであった。そして重要なこととして、論告は検察官が独力で作る建て前となっているが、実際は大角岑生海相ら海軍中枢が関与し、相互に確認したうえで出されたことがわかっている（「岩村清一日記」など）。つまり論告は、海軍の組織としての見解でもあったのである。

ところがこの海軍側論告が、世論の大きな批判的反響を浴びることになる。すでに被告に同情的な世論が高揚しており、論告に対する弁護側の反対弁論に同調して、被告減刑の請願運動が全国的に広がった。9月19日に出された陸軍側判決が、全員一律求刑禁錮8年に対して4年（実刑3年7カ月）と軽かったのも影響した。9月末の段階で、すべての府県から約70万通以上の署名が届けられ、なかには教師に指導されたと見られる児童の作文や、血書および切断した指の類までが送られたケースもあった。

新聞以外のメディアも大衆の行動を促した。新潮社の大衆娯楽誌『日の出』は11月号別冊「五・一五事件の人々と獄中の手記」を発刊した。これには被告のグラビアや留守家族の報道、そして各被告の事件に至る経緯が、小説風の読み物や戯曲などのストーリー仕立てで掲載されている。当時普及が進んだレコード盤でも、三上卓作詞「青年日本の歌（昭和維新の歌）」をはじめ、「五・一五事件昭和維新行進曲」「五・一五音頭」「五・一五事件血涙の法廷」などのタイトルが、発売禁止措置を受けながら一部に流布された。ここに減刑運動は、一部の国家主義運動団体の主催にとどまらず、「寧《むし》ろ純真なる意図の下に自然発生的に一般有志に依り開始せらるるもの」となり、様々なメディアを通して一般大衆に浸透していったのである。

大衆は被告の主張に、どのように共感していったのか。匂坂検察官のもとに届いた、ある女工の手紙がある。メディアで公判の報道に触れるまで、彼女は犬養老首相が銃撃で殺されたことに、内心で反感を抱いていた。ところが、ニュースでまだ若い被告らの「社会に対する立派なお考え」を聞いたことで、彼女はそれまでの「誤解」を「まことに恥ずかしかった」

しく」感じた。彼女自身は凶作地出身の身の上である。昭和恐慌以来続く農村の惨状を思い、「私共世の中から捨てられた様な貧乏人達の為にどれだけ頼母《たのも》しいお働きであったか」との感慨を、被告の弁論のなかに見出した。こうして彼女は、わずかばかりの金銭に添えて、この手紙を書き送ったのである。昭和恐慌の不況によって社会に絶望した人々は、若者が「純真な」思いで世直しを企てた事件とみなし、ある種の救いと捉えて、強い共感を抱いたものといえよう。

すでに見たように、事件の被告らは国家改造運動の一部に根強くあったクーデターによる権力奪取を否定し、自らを「捨て石」と位置付けた。そのこともあって、世間では青年将校たちを、主君の仇討ちのために命を捨てた「赤穂義士」になぞらえて称える観方が定着した。彼らがクーデターを放棄したのは、現実的な兵力や準備の不足による、やむをえない選択であった。だが、かえってそのことが被告らの「純真」性を強調し、世間が事件をエリート間の政治抗争ではなく、利己心を捨てた「大衆の代弁者」による蹶起《けっき》と位置付けることにつながったのではないだろうか。

判決——事件の公判がもたらしたもの

海軍側の判決は、11月9日に宣告された。最大刑は禁錮15年で、死刑判決は出なかった。そして判決文には「その罪責寔《まこと》に重大」としながらも、被告の「憂国の至情」を諒として禁錮刑を選択したとある。論告から判決までの間に海軍部内は動揺し、軍縮条約に反対する将官らは大角海相に圧力をかけた。その間、世論の高揚が間接的に影響したこともあったであろう。海軍当局は最終的に、被告の「至情」を是認したのである。

民間側および血盟団事件の裁判結果についても触れておこう。民間側公判は、9月26日に東京地方裁判所で開廷し、10月30日に論告求刑が言い渡された。橘孝三郎（愛郷塾長）と川崎長光（西田税を狙撃した血盟団残党）は無期懲役、その他の被告らも懲役7〜15年の求刑であった。翌1934年2月の判決でも、橘は無期刑、川崎は懲役12年とされたほか、ほぼ求刑通りの刑期が言い渡された。陸海軍の軍法会議に比べて、民間側の量刑は重かったが、それは動機に対する情状酌量よりも、事件の社会的影響や予防警戒を重視したためであった。それでも量刑の決定にあたっては、判決と同月に予定されていた恩赦が考慮されたという。

一方で血盟団事件の公判は1933年6月28日より始まっていたが、他の公判と比べて審理は進まなかった。それは井上日召ら被告と弁護人が、裁判長や判事を「忌避《きひ》」する申し立てを執拗に行ったためであり、11月末には裁判長が司法官を辞任、事件の審理からも離脱した。この間、五・一五事件の公判が全国的な運動をもたらし、「法理上の解釈のみに没頭する」のではなく、被告らの動機などの「精神」を重視すべきとする弁護側の主張に、強力な援護をもたらしていた。

後任の裁判長は、被告の心事をことごとく許容して、弁護人との打ち合わせ、検証などの準備の末、翌１９３４年3月に公判を再開した。論告では井上日召ら4名に死刑が求刑されたが、11月22日の判決では全員が無期懲役以下の有期刑となり、やはり死刑判決は出なかった。判決について裁判長は「恩赦があったことも酌《く》んで」死刑は言い渡さなかったと語っている。この間に、集まった減刑嘆願書は約30万通であった。

これらの事件の公判を通して高揚した国民運動は、１９３０年代の日本において親欧米派の自由主義的な観念を「特権階級的」と強く批判する、大衆世論の基調が確立した要因の一つになったと考えられる。その背景には、司法から独立した陸海軍の軍法会議、軍とメディアの協力関係があった。そして被告たちが「捨て石」となって「特権階級」の批判に及んだものと理解されたことは、恐慌に苦しむ人々の共感を強く得て、世論を大きく転回させる契機を作ったのである。

〔参考文献〕

北博昭「血盟団事件　五・一五事件」（筒井清忠編『解明・昭和史』朝日選書、2010年）
筒井清忠『二・二六事件と青年将校』（吉川弘文館、2014年）
岡村青『血盟団事件』（光人社NF文庫、2016年）
中島岳志『血盟団事件』（文春文庫、2016年）
長谷川雄一「血盟団事件と五・一五事件」（筒井清忠編『昭和史講義2』ちくま新書、2016年）
筒井清忠『戦前日本のポピュリズム』（中公新書、2018年）
保阪正康『五・一五事件』（ちくま文庫、2019年）
小山俊樹『五・一五事件』（中公新書、2020年）

第7章　国際連盟脱退

樋口真魚

国際連盟脱退とはなんだったのか

日本は満州事変の解決方法をめぐり国際連盟（以下、連盟）と対立し、1933年3月27日に脱退を通告した。連盟脱退後の日本は日中戦争へと突き進み、同じく連盟を脱退していたドイツ・イタリアと同盟を結んだ。こうして悪名高きファシズム陣営の一角を担うことになった日本は対米開戦を契機として、世界の大半を占める連合国を敵に回してしまった。いわば国際社会全体を相手とする戦争に突入したのであった。

この歴史を知る我々は、連盟脱退を「孤立への道」の第一歩と理解してきた。とくに1933年2月24日の連盟総会で、リットン報告書に基づく総会報告書が賛成42、反対1（日本）、棄権1（シャム）の圧倒的多数で可決されたことは、日本の国際的孤立を象徴するとともに、その後の歩みを予見させる出来事でもあった。

だが、当時の政策決定に関与した軍人、政治家、官僚たちが孤立を覚悟のうえで連盟脱退を決断したかといえば、必ずしもそうではなかった。また特定の人物が強いリーダーシップを発揮したわけでもなく、かといって政府内で熟議した結果でもなかった。連盟脱退は様々な危機と偶然が重なりあいながら、消極的に選び取られた政策にすぎなかった。

実のところ、連盟脱退に至る経緯は複雑であった。「連盟（＝リットン報告書）が日本の主張を否定した。ゆえに日本は憤慨し、抗議の意味を込めて脱退した」というような単純なストーリーではない。そもそも日本はなぜ連盟を脱退する必要があったのか。本章では、これまでの学術研究の成果を踏まえて、日本政府が連盟脱退を決定する過程を概観する。そのうえで、「世論」が果たした役割についても検討を加えたい。

ポピュリスト松岡洋右の真意

連盟脱退に関連する人物として、まず思い浮かべるのは松岡洋右《ようすけ》だろう。松岡は日本全権として連盟に派遣され、連盟総会の議場から「堂々」と退場したことで知られている。当時流行した「満蒙は我国の生命線」という言葉の発案者で、のちに日独伊三国同盟の締結を推進した人物でもあることから、一般には松岡こそ「連盟脱退の首謀者」とのイメージが定着しているかもしれない。

松岡が連盟での任務を終え、横浜港に帰国したのは1933年4月27日のことであった。松岡を出迎えた数万人の大群衆は熱狂していた。横浜駅から東京駅まで「全権列車」が編成され、東京駅で全閣僚や陸海軍代表者に出迎えられた。世論はまさにポピュリズム的風潮を帯びており、松岡は連盟脱退を成し遂げた英雄として国民的スターになりつつあった。他方、この過熱化する松岡人気に危機感を抱いている人物もいた。外交評論家の清沢《きよさわ》洌《きよし》である。彼は「松岡全権に与ふ」という文書を執筆し、日露戦後のポーツマス講和会議における小《こ》村《むら》寿《じゅ》太《た》郎《ろう》外相の対応と比較しつつ、大衆世論に迎合して連盟脱退を断行した松岡を厳しく批判した。筒井清忠が指摘するように、連盟脱退は外交問題におけるポピュリズムが、明治と異なり、昭和戦前期には、ある完成段階に達したことを告げる事件であったといえよう。

ところが、英雄と崇められつつあった松岡自身はきわめて冷静であった。大衆の声援に酔いしれるどころか、むしろ連盟脱退という不作為を強く後悔していた。5月1日に行われたラジオの帰国報告は、謝罪と弁明に満ちたものであった。松岡は国民に向けて「私の不徳、詢《まこと》に国民諸君には申し訳ないと考へてゐるのであります」と語りかけ、連盟脱退を回避できなかったことを深く反省してみせた。

そもそも松岡は連盟脱退に反対していた。このラジオ放送で、松岡は自らの意に反して脱退に至った要因を6点ほど挙げていた。そのなかでも、①米ソ両国を和協委員会に招請しようとする連盟の意向に日本政府が反対したこと、②19人委員会報告書をめぐるイギリスの妥協案を日本政府が拒絶したこと、の2点は注目に値する。松岡は日本政府の強硬な外交姿勢に疑問を呈しつつ、その対応を批判したのであった。

松岡には、日本政府を批判する資格が十分にあった。33年1月26日、イギリスのサイモン外相は、松岡に対して日本の要望に沿った形での妥協案を提示した。すなわち、米ソ両国を含まない和協委員会を設置し、そこで日中両国が直接交渉を行うことを提案したのであった。松岡はこの提案に賛成するが、東京の内田康哉《こうさい》外相は首を縦に振らなかった。これに失望した松岡は「一曲折に引きかかりて遂《つい》に脱退のやむなきに至るが如《ごと》きは、遺憾乍《なが》ら敢《あえ》て之《これ》を取らず」と脱退反対の立場を明確に表明し、内田外相に対して不満と抗議の意を込めた電報を送りつけた。

確かに松岡は強硬な態度で連盟に臨んでいたし、ときには脱退を示唆することもあった。

しかし、心の底から脱退を望んでいるわけではなかった。むしろ、その真意は連盟残留にあり、最後まで脱退回避に努めていたのが実情であった。その松岡からしてみれば、連盟脱退を主導したのは当然ながら自分以外の人物であった。つまり東京の日本政府が決断したことに他ならなかった。

それでは、日本政府はなぜ脱退を決断したのか。この問題を検討する前に、まず満州事変をめぐる連盟の動向を確認しておこう。

国際連盟の動向

1931年9月18日、関東軍は満鉄線を爆破した。いわゆる柳条湖《りゅうじょうこ》事件である。これを契機として、南満州の主要都市が次々と占領されていった。中国は9月21日に日本の軍事行動を連盟に提訴した。ただ、当初の連盟は事態の紛糾を望まなかった。9月30日、日本軍の満鉄付属地内への速やかな撤退を求める理事会決議を採択するにとどめた。ところが、理事会休会中の10月8日、関東軍が錦州への無通告爆撃を実施すると、欧米諸国は日本への反発を強めることとなった。アメリカは32年1月7日、日中両政府に対して不戦条約に違反したすべての状態、条約、協定を承認しない旨を通告した。この声明はのちにスティムソン・ドクトリンとして知られることになるが、日中両国を公平に扱いながらも、その批判が日本のみに向けられていることは誰の眼にも明らかであった。

さらに日本の立場を悪くしたのが、上海事変である。32年1月28日、日本海軍陸戦隊が上海の居留民保護を掲げ、第19路軍と激しい戦闘を繰り広げた。列国の権益が錯綜する上海に戦渦が飛び火したことで、日本に対する国際世論は一層硬化した。3月3日に連盟特別総会が開催されると、ヨーロッパ中小国は対日批判を強めた。これら中小国は極東に利害関係をもたない国がほとんどであったが、連盟を自国の安全保障の要と捉えていたため、連盟を無視する日本の行動を容認することができなかった。こうして、3月11日にはリットン調査委員会の報告書の審議にあたる「19人委員会」の設置とともに、連盟規約・不戦条約に反する状態、条約、協定を承認しないことを明記した決議が採択された。連盟はスティムソン・ドクトリンを再確認することで、アメリカと歩調を合わせたのであった。

連盟に派遣された日本の外交官は、連盟が対日制裁に踏み切ることを危惧していた。例えば、これまで連盟外交に深く携わってきた佐藤尚武《なおたけ》代表は英米の世論が硬化している状況を目の当たりにして、理事会が対日制裁を決意するのではないかとの不安に駆られていた。そこで佐藤は連盟理事国に向けて、中国批判を行うことで事態の打開を試みた。いわく、中国は「秩序ある国家」といえる状態に達していない。そのような中国を当事国とする紛争に対して連盟規約を適用するのは不適切である、と。ところが、佐藤の熱弁もむなしく、これに賛同する国は現れなかった。佐藤のように連盟のことを熟知している外交官でさえ、国際社会に対して日本の正当性を説明することが難しくなりつつあった。

もっとも、佐藤の懸念は杞憂《きゆう》に終わった。連盟主要国であるイギリスは対日制裁を実施するにはアメリカの協力が不可欠であると考えていたが、肝心のアメリカの態度を見極めきれずにいた。その結果、英米間で信頼関係を築くことができず、対日制裁は見送られることとなった。

日本に対して強い態度をとりかねている連盟を横目で見ながら、関東軍は既成事実を積み重ねていった。32年3月1日、日本の傀儡《かいらい》国家として知られる「満州国」（以下、満州国）の建国が宣言されると、執政に溥儀《ふぎ》が据えられた。関東軍は日本に有利となる条約を満州国との間に結ぶことで、満蒙を自由に動かそうとしていた。その結果、日本政府は32年9月15日、日満議定書の締結を通して満州国承認に踏み切った。

リットン調査団

時間を少し戻そう。関東軍の錦州爆撃後も、連盟では粘り強い交渉が続けられていた。その結果、31年12月10日には理事会決議が採択された。この決議に基づいて極東に派遣されたのが、いわゆるリットン調査団である。それでは、なぜ連盟は調査団の派遣を決定したのか。連盟に調査委員の派遣を提案したのは日本であった。連盟の日本代表部は事態を鎮静化するには、自ら調査員の極東派遣を連盟に要請することが重要であると考えていた。日本政府もまた、この案に賛成した。調査員派遣を通してイギリスなどの大国が中国の現状を認識することになり、結果的に日本にとって有利な結論が得られると判断したからであった。

日本側は調査団の参加国を英米仏に限定し、かつ調査区域を満州のみならず中国全土に拡大することを強く主張した。中国に同情的な中小国を排除しつつ、主要国に中国の排外運動や統治能力の低さを印象付けることを目的としていたからである。こうした日本の要求はほぼ認められたが、イタリアやドイツの希望もあって、調査団は英米仏伊独の五カ国から構成されることとなった。団長にはヴィクター・リットン（英）が就任し、フランク・マッコイ（米）、アンリ・クローデル（仏）、ルイージ・アルドロヴァンディ（伊）、ハインリッヒ・シュネー（独）が委員をつとめた。団長であるリットンの父はかつてインド総督をつとめた人物で、リットン自身もインド・ベンガル州知事をつとめた経験があった。他のメンバーも、アルドロヴァンディを除いて、植民地での軍事や行政経験や国際紛争の調停経験がある人物であった。この他にも日中の参与委員や、極東問題の専門家を含む専門委員、タイピストなども加わり、調査団の総勢は28名にも及んだ。

リットン一行は日中両国を訪問し、要人との会談を重ねた。中立的観点から調査を進めていた調査団であったが、満州の実情を目の当たりにすると、次第に満州国が傀儡国家であることに気づくようになった。リットンは奉天《ほうてん》滞在中の5月23日付で、姉のバルフォア婦人に長文の書簡を認《したた》めていた。そこでは、満州国が日本によって作り出された国家であること、日本の主張する「中国の混乱」の大部分もまた日本自身が作ったものであることなどが吐露されていた。この書簡は、イギリスのサイモン外相やアメリカのスティムソン国務長官にも回覧されることとなった。

リットン報告書

日中両国への訪問を終えたリットン一行は32年7月下旬から北京で報告書の作成に着手し、9月4日には完成をみた。完成版はジュネーヴに運ばれ、10月1日理事会に提出され直ちに出版された。いわゆるリットン報告書は英文版で148ページにも及ぶ長大なもので、全10章から構成されている。はたしてリットン報告書には何が書かれていたのか。

まずは日本政府にとって、受け入れがたい部分を確認しておこう。これまで日本側は、柳条湖事件にはじまる満州における一連の武力行使は自衛権の行使であり、満州国もまた満州人が自発的に建設した独立国家であると主張するなど、国際社会に対して自己正当化を試みてきた。これについて、リットン報告書では「同夜における叙上日本軍の軍事行動は、合法なる自衛の措置と認むることを得ず」(第4章)とあるように、日本の自衛権論を否定した。また満州国に関しても「住民の独立に対する自然の要求から生まれたもの、即ち純粋なる民族自決の例にならない」(第6章)と述べ、日本の主張には同意しなかった。

だが、全体を通して見れば、決して日本を断罪するような内容ではなかった。確かにリットン自身は日本に非があることを確信していたが、委員全員がリットンと同じ考えをもっていたわけではなかった。例えば、クローデル（フランス）とリットンは満州国の処遇をめぐって意見が対立していた。クローデルは主権を中国に残すかたちでの満州国の存続には前向きで、満州国の存在を真っ向から否定するリットンとは明らかな温度差があった。

こうした事情も加わり、報告書では日本が満州に有している特別な権益への理解が随所に示されることになった。また、日本が国際連盟規約・九カ国条約・不戦条約に違反したとする文言も一切挿入されなかった。そして何よりも興味深いのは、連盟の主導下で満州を暫定的に国際管理に置くという解決案が提示されている点である。中国側もこの案には前向きで、いくつか条件を付けながらも検討を開始するほどであった。専門家メンバーの一人も、「元老・西園寺《さいおんじ》公望《きんもち》の秘書である原田熊雄に対して「内容は全体的には日本に対して非常に好意的である」と述べていた。一般に考えられている以上に、リットン報告書は日本に対して宥和的な内容であったと評価できる。

非脱退論の優勢

以上のように、連盟は日本に制裁を加えることも、厳しく断罪することも考えていなかった。一方の日本政府も連盟脱退にメリットを見出しておらず、それゆえに脱退を有力な選択肢とは考えていなかった。実質的に外務省の法律顧問をつとめていた国際法学者で東京帝国大学教授の立作太郎《たちさくたろう》は、連盟が日本にとって不都合な決議を採択したとしても、それを無視して連盟にとどまることは十分に可能であると主張していた。連盟の決議には法的拘束力がないため、日本が決議に従わなかったとしても、制裁の対象となることはないと考えたからである。このような非脱退論は外務省にとどまらず、政党人にも共有されていた。例えば、政友会所属の衆議院議員である芦田均《あしだひとし》も同様の主張を行っており、しかもそれは政友会内にある程度浸透していた。満州国の即時承認を強く主張する政友会でさえ、脱退回避を希望していたのであった。

では、軍部はどうであったか。当時の陸軍次官で、32年8月から関東軍参謀長に就任することになる小磯国昭《こいそくにあき》は連盟脱退を視野に入れていた。ただ、それはあくまでも最後の手段であった。基本的には脱退回避を模索しており、イギリスなどの大国が欧州小国をおさえ解決に導くことに期待を寄せつつ、脱退のポーズを示すことで小国側から譲歩を引き出すことを希望していた。また海軍大臣の岡田啓介《けいすけ》も、西園寺の秘書である原田熊雄に対して、軍令部と参謀本部の間で「連盟脱退は不可である」ことを確認する協定を結んだ旨を報告していた。最も強硬と思われる軍部でさえ、積極的に連盟脱退を唱えているわけではなかった。

反連盟感情の高まり

32年3月1日に満州国が独立を宣言すると、世論一般は日本政府に対して満州国の即時承認を求めるようになってゆく。硬化する世論に後押しされた貴衆両院は、6月14日に満場一致で満州国の承認を決議した。さらに外相に就任して間のない内田康哉は、政友会の森恪《もりつとむ》衆議院議員の質問に対して、「国を焦土にしても此《この》主張〔満州国の承認〕を徹すること に於《お》ては、一歩も譲らないと云う決心」を表明した。いわゆる焦土演説である。こうして、日本は満州国承認に向けて大きく舵を切ったのであった。

満州国承認が国是となりつつあるなか、連盟脱退の可能性が議論されはじめた。8月27日の閣議決定を経た「国際関係より見たる時局処理方針案」では、「帝国満蒙経略の根本を覆し、我が国運の将来」に脅威を与えるような「現実的圧迫」が日本に加えられることになった場合、「最早連盟に留まること」ができない旨が確認された。つまり、連盟が対日制裁に踏み切った際には、脱退することが決められたのである。満州国承認に向けて、日本政府の覚悟を表明したものと位置づけられるだろう。ただ、この時点で非脱退論が否定されたわけではなかった。連盟が制裁など行わず、日本の行動を黙認すれば、脱退は回避できるからである。実際、満州国承認後においても連盟が対日制裁に踏み切ることはなく、したがって日本政府もただちに脱退を検討することはなかった。

さて、日本政府が日満議定書に調印すると、大手新聞社はこぞってリットン報告書を取り上げ、「認識不足」であるとの批判を展開した。例えば、『東京日日新聞』の社説は「夢を説く報告書―誇大妄想も甚だし」（1932年10月3日）という見出しで、「調査委員がユートピアを夢みているのではなく、心身羽化して既にユートピアの中にいるとしか思えない」とリットン調査団を揶揄《やゆ》していた。

リットン報告書が公表されると、陸軍もまた連盟批判の世論形成に動き出した。ただし、この時点でも陸軍は無条件に連盟脱退を促したわけでなかった。例えば、世論形成用に陸軍省調査班が作成した『リットン報告書の再批判』という文書では、連盟脱退の可能性を示唆しながらも、国民が一致団結すれば、「連盟の空気を牽制し、最悪なる事態の到来を見ずして終わることを確信」している旨が述べられていた。陸軍は強硬な国内世論を武器として、連盟に譲歩を迫ることを企図していたと考えられる。連盟の側こそ日本の脱退を望んでいないことを、陸軍も十分理解していたからである。

さて、陸軍の世論工作は一定程度成功したようである。新聞各社は政府の満州国の擁護を一層強く主張するようになり、12月19日には132社の新聞社が共同宣言を発表した。そこでは、日本政府の満州国承認を支持したうえで、「満州国の厳然たる存立を危うくするが如き解決案」を受諾しないよう政府に要求した。

熱河作戦と脱退論の浮上

1933年に入ると、関東軍は熱河《ねっか》作戦の準備を加速させた。関東軍の認識では、熱河地方は満州国の領内であり、同国の安全を確保するためにはこの地域の平定を急ぐ必要があった。斎藤実《まこと》首相は33年1月13日の閣議決定において熱河作戦を了承した。満州事変はいよいよ仕上げの段階に入った。

このころ、ジュネーヴでは松岡全権が脱退回避に向けて努力を重ねていた。イギリスから連盟規約第15条3項に基づく和協委員会の設置を打診されると、その線で交渉をまとめたいと考えた。規約第15条3項で交渉がまとまらなければ、同条4項に基づいてリットン報告書をベースとした報告および勧告案が作成・公開されることになり、日本には一層不利となることが予想された。松岡が内田外相への説得を試みたのは、このような事情があったからに他ならない。

それでは、陸軍はどうであったか。かねてから荒木貞夫陸軍大臣は、連盟を脱退すれば自由に軍事行動が展開できるようになる点を指摘するなど、周囲に脱退のメリットを説いていた。だが、その荒木もイギリスなどの連盟主要国が日本の脱退を望んでいない点を重視しており、脱退を現実的な選択肢とは考えていなかった。

実際、陸軍全体としても脱退を決意したわけではなかった。2月2日に作成された「帝国の対連盟態度に関する件」という陸軍の文書では、連盟が規約第15条4項に基づく報告書を作成した場合には、内容を精査したうえで脱退するか否かを「自主的に決定」することが確認された。だが、この方針は国民に秘匿され、次のような世論工作を実施することが定められた。いわく、「国民の決意を国際的に反映せしむる為、第四項に移らば、脱退の外、道なきに至るべき旨の決意を部外より自然に湧出せしむる如く指導」せよ、と。この時点でも陸軍は強硬な世論を作り上げ、それによって連盟に譲歩を迫る方針を維持していたといえる。

ところが、2月8日になって事態が大きく動き出した。連盟が第15条3項から4項に移行した旨の報告が内閣に伝えられた。このとき最も焦ったのは、熱河作戦の危険性に気づいた斎藤首相であった。すなわち、連盟が関東軍の熱河侵攻を「新たな戦争」とみなせば、日本は連盟規約に違反したことになり、制裁対象となる可能性が浮上する。斎藤首相は熱河作戦の撤回に向けて動きはじめた。彼はまず昭和天皇に対して、熱河作戦が連盟規約に違反すること、また連盟が日本に対して除名という制裁処分をくだす可能性があることを伝えて作戦の撤回を求めた。これを聞いた昭和天皇は大いに狼狽《ろうばい》したが、時はすでに遅かった。昭和天皇から撤回の指示を受けた陸軍の奈良《なら》武次《たけじ》侍従武官長は、天皇に頼って決定を覆そうとする内閣の姿勢を批判した。一度裁可した決定を覆すのは、天皇本人でさえも困難であった。

日本政府の苦悩をよそに、世論は連盟脱退を強く主張するようになってゆく。2月8日には日比谷公会堂で対連盟緊急国民大会が開催された。都市部のみならず、地方においても反連盟の世論が醸成されつつあった。例えば、各地の在郷軍人会では、連盟脱退を求める決議が相次いで採択されていた。この在郷軍人会の大衆動員力はすさまじく、全国各地からの代表と首都周辺の在郷軍人を動員するかたちで連盟脱退要求の集会などが開催された。こうした集会の多くには、首相や陸海両相、参謀総長、軍令部長などが出席し、会長のあいさつがラジオを通じて全国に放送されることもあった。その甲斐《かい》あってか、『時事新報』などを除く大手新聞社の大半が連盟脱退を支持するようになっていった。

連盟脱退へ

このような状況下で、日本政府は連盟脱退を有力な選択肢として検討しはじめた。脱退を決意した理由については決定的な史料が残っておらず、いまだに不明な部分が多い。連盟が日本に対して満州国承認を撤回するよう求めたため、これに反発して脱退を決意したという説もあるが、ここでは井上寿一が提唱した「協調のための脱退」説に基づきながら、日本政府が脱退を決断した背景について説明したい。

陸軍の強硬姿勢を前に、斎藤内閣が熱河作戦を撤回させることはますます困難となっていった。だからといって、このまま熱河作戦が実行に移されれば、連盟から制裁を受ける可能性が高まってしまう。しかも、時間に余裕がなかった。先述した松岡の進言を受け入れて第15条3項に基づく和協委員会の開催を認めたとしても、その間に熱河作戦が実施されれば日本は侵略国とみなされてしまう。そのため、日本政府は松岡の進言を拒否せざるを得なかった。

窮地に立たされた斎藤内閣にとって、連盟との決定的な対立を回避しえるという点で脱退は最善の一手であった。このまま連盟にとどまり続けた場合、侵略国の烙印《らくいん》を押されるのも時間の問題である。そうであれば、早めに脱退を宣言することで、ひとまず連盟の追及をかわすのが得策ではないか。その後連盟の枠外で主要国と個別に関係を修復すれば、脱退のダメージを最小限に抑えることができるはずだ。このような発想が、日本政府のなかで芽生えはじめていた。しかも、これを後押ししたのがジュネーヴに派遣されている国際協調派の外交官たちであった。つまり、最後の局面で連盟脱退を主導したのは連盟との対立を望まない国際協調派であり、その目的は国際関係への悪影響を最小限にとどめるため（＝「協調のための脱退」）であった、というわけである。

以上のように、連盟脱退を求める声は様々な方面から挙げられていたが、その意図は一様ではなかった。松岡洋右や陸軍首脳はしばしば脱退を示唆していたが、それはあくまでも連盟から譲歩を勝ち取るための戦略の一環であった。そうであるからこそ、脱退が現実味を帯び始めたとき、松岡は日本政府に対して連盟残留を強く訴えた。松岡の主たる関心は世論の歓心を買うことではなく、交渉人として連盟外交を成功に導くことにあったといえよう。

他方、世論形成に力を入れていた陸軍は世論の反連盟感情を高めることに成功した。盛り上がった世論は松岡らの真意など知るすべもなく、連盟脱退を強く望むようになっていった。世論をコントロールすることは、もはや誰にもできなくなりつつあった。そうしたなか熱河作戦の撤回が困難となり、連盟から制裁を受ける可能性が浮上した。今度は国際協調派が国際関係への悪影響を最小限に抑えるため、脱退論を唱えるようになった。彼らはよりマシな選択肢として脱退に活路を見出し、連盟脱退を断行したのであった。

目的はなんであれ、脱退という結果自体は世論が望む方向と一致していた。そのため、この件をめぐって国際協調派と大衆世論が正面から衝突することはなかった。両者の分断という最悪の事態は回避できたといえる。このことは、国際協調派の完全なる弱体化を防ぎつつ、満州事変が収束したのちに対外関係修復に向けて動く余地を残すことにつながってゆく。

ただ、国際協調派が世論形成に失敗した点も見逃してはならない。彼らが早くから世論形成の主導権を掌握し、世論を連盟残留の方向に誘導できていれば、その後の歴史は大きく変わっていたに違いない。その点が強く惜しまれる。

〔参考文献〕

緒方貞子「外交と世論」(『国際政治』第41号、1970年)
井上寿一『危機のなかの協調外交』(山川出版社、1994年)
クリストファー・ソーン/市川洋一訳『満州事変とは何だったのか』上・下(草思社、1994年)
臼井勝美『満州国と国際連盟』(吉川弘文館、1995年)
NHK取材班編『満州事変』(角川文庫、1995年)
前坂俊之『太平洋戦争と新聞』(講談社学術文庫、2007年)
加藤陽子『満州事変から日中戦争へ』(岩波新書、2007年)
由井正臣『軍部と民衆統合』(岩波書店、2009年)
緒方貞子『満州事変』(岩波書店、2011年)
宮田昌明『英米世界秩序と東アジアにおける日本』(錦正社、2014年)
筒井清忠『戦前日本のポピュリズム』(中公新書、2018年)
石原豪「国際連盟脱退と日本陸軍の世論対策」(『文学研究論集』第50号、2019年)
樋口真魚『国際連盟と日本外交』(東京大学出版会、2021年)

第8章　帝人事件

菅谷幸浩

昭和史の謎としての帝人事件

帝人事件は1934（昭和9）年、当時の斎藤実《まこと》内閣が総辞職する要因となった戦前最大の疑獄事件である。大蔵省幹部や閣僚経験者など、政財官界要人が株取引にまつわる不正を問われて起訴されるが、公判の過程では検察による自白の強要、自殺防止を名目とした革手錠の使用、劣悪な収容環境が明らかとなり、「検察ファッショ」「司法ファッショ」の言葉を生む。のちに被告人全員の無罪で結審するが、判決文は検察側の主張を「空中楼閣」「あたかも水中に月影を掬《きく》せんとするの類」とまで評した謎多き事件である。

当時、日本は1932（昭和7）年の五・一五事件によって政党内閣時代が終わり、非政党代表者を首班とする挙国一致内閣時代に入っていた。このうち、1936（昭和11）

年の二・二六事件以前に政権を担った斎藤内閣と岡田啓介《けいすけ》内閣はいずれも海軍出身の穏健派を首班とし、政党との協調関係を優先していたことから「中間内閣」と称されている。

現在、昭和戦前期研究のなかでは挙国一致内閣時代に政党内閣復帰の可能性が様々な局面で存在したことや、必ずしも軍部による政治介入だけでは説明できない側面が明らかになっている。本章では当時の斎藤内閣や中央政界の動きをたどることで、帝人事件の政治的背景にアプローチしていく。そのことで斎藤内閣の果たした役割や、帝人事件が昭和史に残した影響を考えてみたい。

斎藤内閣の成立

1932（昭和7）年5月15日、時の首相・犬養毅《いぬかいつよし》が海軍青年士官らにより暗殺されると、総裁を失った立憲政友会は20日の臨時党大会で元田中義一《ぎいち》内閣内務大臣・鈴木喜三郎を新総裁として承認する。この年2月の第18回衆議院議員総選挙で政友会は303議席を占め、立憲民政党の147議席に大差をつけていた。それまでの「憲政の常道」の原則に鑑みれば、衆議院第一党の総裁である鈴木に大命が降下するはずであった。

しかしながら、元老・西園寺公望《さいおんじきんもち》は26日、元朝鮮総督・斎藤実（元海軍大将）を後継首班として奏薦する。斎藤内閣には政友会から高橋是清《これきよ》が大蔵大臣、鳩山一郎が文部大臣、三土忠造《みつちちゅうぞう》が鉄道大臣、民政党から山本達雄が内務大臣、永井柳太郎が拓務大臣として入閣し、衆議院二大政党から支持を受ける超党派連立内閣の形をとる。斎藤にとって、この内閣は「非常時」に対処するための暫定政権であり、将来的には政党内閣復帰を意図していた（村井良太『政党内閣制の展開と崩壊』）。

かつては1931（昭和6）年の満州事変から1945（昭和20）年の敗戦に至るまでの期間を「十五年戦争」として一括する見方が一般的であった。しかし、今日の研究では1930年代における日本の政治外交は急激な変動を伴うものではなく、戦時体制の連続として捉えられないことが明らかになっている。1933（昭和8）年5月、塘沽《タンクー》停戦協定成立により日中関係は過渡的安定期に入り、同年半ばには高橋財政の成果により、日本経済は世界恐慌から脱却している。このように1933年を境として、日本国内では「非常時」の空洞化が認識されるようになるのである。

政民連携運動

1933（昭和8）年10月頃になると、中央政界では斎藤内閣退陣と政党内閣復帰を求める声が高まっていく。とくに鈴木ら政友会執行部は「非常時」解消の目途がついた段階で、政権を円満な形で斎藤から政友会に移行させるべきだと考えていた。しかし、この年5月22日、高橋蔵相が斎藤に対して留任を約束したことは鈴木の期待を裏切るものであった。

5月24日、政友会元幹事長・久原房之助《くはらふさのすけ》は一国一党論を宣言し、6月上旬になると、久原派は「非常時」未解消での政党内閣復帰は認められず、政党と軍部が連携した強力な挙国一致内閣樹立を求める檄文を公表する。これらは鈴木による党指導の行き詰まりに付け込んだ総裁派攻撃を意味していた（奥健太郎『昭和戦前期立憲政友会の研究』）。このため、斎藤内閣としても政友会との関係を鈴木ら執行部だけに依存できない状況になっていたのである。

当時の商工大臣・中島久万吉《くまきち》の回想によれば、この年秋、元老・西園寺公望秘書・原田熊雄の呼びかけで出席した「朝飯会」の席上、軍部抑制のためには政党の浄化と強化が必要であり、その手段として政民両党の接近が急務であると申し合わせていた。これに基づき、中島は政友会の島田俊雄、民政党の町田忠治を新橋の料亭で会談させ、斎藤の了解も得たうえで、政民両党幹部懇談会を開催することになる（中島久万吉『政界財界五十年』）。

このように政民連携運動を御膳立てしたのは斎藤内閣の側であった。

12月25日の政民両党幹部懇談会には政友会から顧問・床次竹二郎《とこなみ》、幹事長・山口義一、政調会長・前田米蔵、久原房之助、浜田国松、島田俊雄、山崎達之輔、松野鶴平、内田信也、望月圭介、山本条太郎、秋田清、川村竹治、民政党から顧問・町田忠治、幹事長・松田源治、俵孫一、小山松壽、頼母木桂吉《たのもぎけいきち》、櫻内幸雄、富田幸次郎、小泉又次郎、小橋一太《こばしいちた》が出席し、憲政の基本は政党政治にあることを確認する。民政党側は主流派のみが参加しているのに対し、政友会側は総裁派（山口、島田、松野、川村）に加え、1924（大正13）年の分裂時に残留した旧政友系（前田、浜田、山崎、望月、山本、秋田）のほか、久原派（久原、島田）、床次系（床次、内田）など、複数の勢力が混在していた。

当時、政民連携運動には、①満州事変期に協力内閣運動を展開した久原房之助と富田幸次郎を中心とするもの、②衆議院議長・秋田清（政友会長老）と小泉又次郎（民政党元幹事長）を中心とするもの、③鳩山一郎ら政友会幹部を中心とするもの、という三つの潮流があった（升味準之輔《ますみじゅんのすけ》『日本政党史論』第6巻）。先の懇談会出席者の内訳で明らかなように、政友会側で政民連携運動に関与していた勢力は一つではなかった。そのことがのちに政民連携運動の挫折と斎藤内閣総辞職をもたらすことになるのである。

帝人事件前史

大正時代、日本経済は第一次世界大戦終結後の戦後恐慌、関東大震災に伴う震災恐慌により甚大な打撃を受ける。震災手形の処理問題は昭和初期まで引き継がれ、1927（昭和2）年に発生する金融恐慌の背景となる。ちなみに同年4月に経営破綻した鈴木商店は大戦間期に急成長した総合商社の一つであった。当時、鈴木商店系列の帝国人造絹糸株式会社（以下、帝人）の株式42万株のうち、22万株が台湾銀行に担保として預けられていた。台湾銀行は日本銀行から特別融通を受けており、本来、帝人株式はその返済に充てられるはずであった。

その後、折からの人絹市場好況によって買い付けの動きが高まり、1933（昭和8）年5月30日、台湾銀行は帝人監査役・河合良成《かわいよしなり》を代表とする買受団との間で帝人株式10万株を1株125円で売却する契約を交わす。まもなく帝人株式は値上がりし、買受団側は高配当を手にすることになる。

当時、この売却契約は一部で報道されていたが、1934（昭和9）年1月から始まる『時事新報』の連載記事「番町会を暴く」（全56回）により政治問題化していく。この連載は時事新報社相談役・武藤山治《さんじ》の指示により、同紙記者・和田日出吉《ひできち》が大森山人の筆名で執筆したものである（武藤治太『武藤山治と帝人事件』）。

番町会とは日本経済連盟会会長・郷誠之助を中心とする財界人グループの通称であり、1923（大正12）年に麴町《こうじまち》番町にある郷の私邸で開かれた懇談会が始まりである。1933年末から議会政治擁護、政民連携の必要性を掲げており、政民連携運動の仲介役を務めていた実業界出身の中島商相もそのメンバーであった。『時事新報』は、その番町会が有力者に仲介を依頼することで帝人株式を廉価で不正入手し、かつ、政民連携運動を名目にして利権劇を繰り広げていると攻撃したのである。

検察当局は1934年2月から内偵を始め、4月から9月にかけて関係者を検挙していく。のちに島田茂（台湾銀行頭取）、長崎英造（旭石油社長。番町会）、高木復亭（帝人社長、元台湾銀行理事）、柳田直吉（台湾銀行理事）、永野護（帝人取締役。山叶商店取締役。番町会）、小林中《あたる》（富国徴兵保険支配人。番町会）が背任および瀆職《とくしょく》、河合良成（日華生命専務、帝人監査役。番町会）が背任、越藤恒吉《こしふじつねきち》（台湾銀行経理第一課長）、岡崎旭（帝人取締役。元台湾銀行秘書役）が背任および贈賄、黒田英雄（大蔵次官）、大野龍太（大蔵省銀行局特別銀行課長）、相田岩夫（大蔵事務官・台湾銀行監理官）、志戸本次朗（大蔵省銀行局検査官補）、大久保偵次

（大蔵省銀行局長）、中島久万吉（元商工大臣）が瀆職、三土忠造（元鉄道大臣）が偽証（帝人株式300株収受の否定）の容疑で起訴される。

　なお、この帝人事件に関連して失脚することになる閣僚のうち、中島と鳩山に対しては検察の捜査開始前から議会内で攻撃が始まっていた。

　1934年2月3日、第65回貴族院本会議で同和会の関直彦は帝人株式が政府高官の仲介で不当売却されたことを追及するが、この演説内容は1月中旬、武藤山治から提供された資料に基づくものであった（前島省三『新版・昭和軍閥の時代』）。同月7日、公正会の菊池武夫（元陸軍中将）は中島の雑誌論文「足利尊氏」（『現代』1934年2月号）の内容が逆賊賛美にあたると批判する。これは中島が中島華水の筆名で発表した「鶏肋《けいろく》集（其三）」（『倦鳥』1925年3月号）が無断で転載されたものであった。菊池は三土鉄相に対しても田中内閣蔵相在任中の神戸製鋼株処分や、鉄道工事をめぐって不正疑惑があることを指摘する。さらに研究会の三室戸《みむろど》敬光《ゆきみつ》（元海軍大佐）も緊急質問として登壇し、尊氏問題に関する中島の所見を追及する。

　2月6日、内大臣・牧野伸顕《のぶあき》は昭和天皇に対し、「中島商相の尊氏論云々の事情も只御参考として御聞取りの事なれば何等支障は無之《これなく》」と述べ（伊藤隆・広瀬順晧編『牧野伸顕日記』中央公論社)、楽観的に捉えていた。しかしながら、中島はこの3日後には辞任を余儀なくされる。

この間、同月8日の衆議院本会議では政友会久原派の岡本一巳《かずみ》が三土、鳩山、中島の3閣僚を名指しして帝人株問題を取り上げ、樺太《からふと》工業株式会社をめぐる鳩山の収賄疑惑を暴露する(五月雨《さみだれ》演説)。岡本はこの2日後に政友会を除名処分となるが、同15日には同じく政友会の江藤源九郎(元陸軍少将)も衆議院本会議での緊急動議で鳩山と三土の背任疑惑を追及している。3月3日、衆議院の事実調査委員会は岡本の発言内容を事実無根とする報告書をまとめ、議長宛に提出するが、鳩山は文教政策への影響に鑑み、同日付で辞任する。鈴木ら政友会執行部にとって、岡本の五月雨演説はまったくの寝耳に水であり、党内の混乱を印象付けるものであった。

軍部陰謀説と平沼陰謀説

先に述べた中島と鳩山に対する攻撃の背景として、軍部の関与を推測する先行研究もあるので、その正否から検討する。

満州事変後、陸軍では天皇親政による国家改造を目指す勢力として皇道派が生まれる。

その領袖であった真崎甚三郎《まさきじんざぶろう》大将の浩瀚《こうかん》な日記が公刊されているが、そこには中島や鳩山の辞任につながる記述は見当たらない。

1934年1月、荒木貞夫陸相の病気辞任に伴い、林銑十郎《せんじゅうろう》大将が入閣し、3月には永田《ながた》鉄山《てつざん》少将が陸軍省軍務局長に就任する。この林・永田ラインを軸として、陸軍内では反皇道派系勢力の結集が進む。4月11日、林陸相は実弟である東京市助役・白上佑吉が疑獄事件に関与して有罪判決を受けたため、辞表を提出する。しかし、斎藤や参謀総長・閑《かん》院宮載仁親王《いんのみやことひとしんのう》に慰留され、同月15日の陸軍三長官会議で留任が決定している（宮内庁編『昭和天皇実録』第6巻）。これは当時の斎藤内閣や天皇・宮中は林を陸軍統制回復の主体として認識していたためであり、この状況下で林や永田が斎藤内閣打倒工作を仕掛ける理由はない。

また、帝人事件を枢密院副議長・平沼騏《ひらぬまき》一郎《いちろう》（司法官僚出身）の策謀とする説も根強い。平沼は国家主義団体「国本社《こくほんしゃ》」の会長を務め、元老の西園寺と対立する一方、軍や右翼の中に平沼を慕う勢力がいたのは事実である。このため、平沼陰謀説は当事者の間でも囁《ささや》かれていた。1934年6月3日、番町会の渋澤正雄（昭和鋼管・富士製鋼社長）は、「目下本事件を担当せる検事等は平沼男〔爵〕の子分にして、政府打倒の目的を以《もっ》て仕組まれたる策動」と述べており（甲南学園平生釟三郎《ひらおはちさぶろう》日記編集委員会編『平生釟三郎日記』第15巻）、警視総監・藤沼庄平も戦後の回想録『私の一生』で、帝人事件は平沼擁立を目指していた司法省行刑局長・塩野《しおの》季彦《すえひこ》の謀略と述べている。

これに対し、近年では萩原淳氏による評伝的研究により、司法部における平沼閥や、1930年代の平沼内閣運動の全容が明らかになっている。そこでは平沼が帝人事件の捜査情報を知りえる立場にいたが、事件そのものに関与したと断定する根拠はないことが指摘されている（萩原淳『平沼騏一郎と近代日本』『平沼騏一郎』）。筆者も史料状況からして、この見解が妥当であると考えている。

政友会久原派の動き

基本的事実として、岡本の五月雨演説が政友会内部からの造反行為であった以上、帝人事件の背景として政界との関連性は除外できない。もともと武藤ら『時事新報』が支持していたのは久原を中心とする親軍的な大同団結運動であり、政民両党主流派による政策協定中心の政民連携運動には批判的な論調をとっていた（松浦正孝『財界の政治経済史』）。この時期、政友会久原派は党内で第3位の勢力にあったが、1934年4月以降、政民連携運動から離れていく（佐々木隆「挙国一致内閣期の政党」）。久原にすれば、総裁派主導で政民連携運動が進展し、鈴木内閣が成立することは決して望ましいことではなかったからである。

検察当局による帝人事件捜査は東京地方裁判所検事正・宮城長五郎宛の三つの告発状をもとに開始される。告発人の一人である中井松五郎には武藤山治の妻と親しい内妻がいた（大島太郎「帝人事件」）。のちの公判で、中井は自分自身に法律知識がまったくなく、大沼末吉弁護士に相談のうえで告発状を作成したことを認めている。大沼は政友会久原派の代議士だった津雲国利《つくもくにとし》（1934年2月16日、党紀紊乱《びんらん》により除名処分）と非常に懇意であった。帝人事件前後に行われた鈴木喜三郎や望月圭介への告発、それ以前の小泉策太郎に対する鉄道横領疑惑の告発はすべて大沼によるものであった（菅谷幸浩『昭和戦前期の政治と国家像』）。以上のことから、帝人事件の背後には久原派による政民連携運動への妨害工作が見え隠れする。

この年2月以降、鈴木ら政友会執行部は民政党との間で、運動目的を政策協定に限定した政民連携交渉に着手する。その狙いは久原派と床次派の抑え込みにあり、5月11日の両党政策協定委員会第1回会合までに総裁派が主導権を掌握するに至る（前掲『昭和戦前期立憲政友会の研究』)。同委員会は6月29日に第2回会合が開催されるものの、具体的成果を残すことはなかった。

7月3日、法相・小山松吉は閣議で帝人事件捜査の中間報告を行う。この報告は黒田大蔵次官の前月22日付嘆願書に基づくものであり、自らが受け取った帝人株式の一部が高橋蔵相の長男(貴族院議員・高橋是賢《これかた》)に渡っていたと記されていた。すでに2閣僚が失脚し、5月19日に黒田が起訴されたことは斎藤内閣が政綱に掲げた綱紀粛正の方針を根底から揺るがすものであった。そのうえ、重要閣僚の親族まで逮捕されれば、政治的影響は計り知れない。ここに斎藤は内閣総辞職を決断し、中間内閣としての2年余りの使命を終えることになる。

しかし、のちの公判で、右の嘆願書はアルコール中毒に苦しむ黒田が主任検事・黒田越《えつ》郎《ろう》の誘導により書かされたものであることが判明している(河合良成『帝人事件』)。黒田は島田茂への取り調べの際、「政党巨頭連中の内には兎角《とかく》問題になる奴が居る、之《これら》等の奴等は国家非常時の此際何《ど》うしても葬らなければならぬ」と述べている(前掲『昭和戦前期の政治と国家像』)。このように帝人事件と政党政治家を重ね合わせる見方は「番町会を暴く」と重なる。「紅葉館で中島君の御馳走を食つたのは政友床次君、民政町田君を始め、政民の錚々《そうそう》たる大幹部多数」であり、「政治家と実業家と棒組みとなつて、良からぬ手段方法で資金を集め政界財界を腐敗せしむることは断じて許してはならぬ」（『時事新報』1934年1月27日）という言葉は、そのまま黒田ら担当検事の認識を代弁したものと言っていいだろう。

武藤は1934年3月9日、神奈川県大船町の自宅を出た直後、かねてから原稿料支払いをめぐってトラブルになっていた相手に拳銃で撃たれ、翌10日に死去する。黒田越郎も6月22日に胆石病で倒れ、そのまま7月23日、築地の聖路加国際病院で死去する。このため、帝人事件の核心には未解明な部分が残されたままだが、時代背景として次のことが言える。

この斎藤内閣期、1933年7月から五・一五事件の陸海軍側公判が始まり、メディアは陸軍の誘導する形で被告人たちの純真さや、政党と財閥の腐敗を強調する報道を繰り返していた（小山俊樹『五・一五事件』）。そして、続く岡田内閣期に至るまで、多くの選挙違反事件や自治体疑獄事件が国内各地で摘発されるが、警察や検察による強引な捜査手法も顕在化していた。そこには汚職撲滅に向けた正義感や、検挙実績への執着があったことは想像に難くない。帝人事件捜査に携わった検事たちもそのなかに数えられるだろう。

帝人事件が残したもの

五・一五事件後、中間内閣として成立した斎藤内閣にとって、1933年から本格化する政民連携運動は政党内閣復帰に向けた足がかりとなるものであった。しかし、政友会の党内対立によって政民連携運動は破綻を迎えていく。斎藤内閣後半期の政治を方向付けたのは、軍部ではなく政党の動きであった。こうした政治状況のなかで、帝人事件は世論に影響された検事たちの手も加わり、その構図が作られていく。綱紀問題への取り組みを非常時の重大使命と位置付けていた斎藤内閣の下で、政財官界にまたがる一大疑獄事件が発生したことは政治への信頼を大きく揺るがすものであった。

最後に、帝人事件がその後の歴史に残した影響を挙げておく。

第一は天皇機関説事件との連続性である。検察当局による人権蹂躙《じゅうりん》疑惑は岡田内閣期の議会でも度々取り上げられ、とくに1935年1月23日の第67回貴族院本会議における美濃部《みのべ》達吉《たつきち》（東京帝国大学名誉教授）の質問演説は多方面から注目を集める。しかし、帝人事件が政財界腐敗の副産物と目されていたなか、浜口内閣のロンドン海軍軍縮条約批准を支持するなど、民政党に近いと思われていた美濃部が検察批判を展開したことの波紋は大きかった。斎藤内閣に続く昭和第二の中間内閣の成立に反発していた勢力にとっては、美濃部学説への批判を通じて、岡田内閣・宮中の排除を目指す運動の口実となる（前掲『昭和戦前期の政治と国家像』）。

第二は政党政治家や財界への不信感を強めたことである。大半のメディアは当初から事件に関連した財界人や官僚を悪とし、検察の側を「社会革正」の旗手として捉えていた。その結果、政党の後退、官僚と軍部の台頭に向けたポピュリズムが加速することになる（筒井清忠『戦前日本のポピュリズム』）。これは私益に対する公益の優位など、のちの日中戦争期における統制経済の思想を正当化するものになる。

帝人事件で起訴された被告人16名は266回の公判を経て、第一次近衛文麿《このえふみまろ》内閣期の1937年12月26日、東京地方裁判所（裁判長・藤井五一郎）で全員無罪が言い渡される。当時法相だった塩野季彦は、黒田ら担当検事が「敏腕ではあるが奔馬的捜査をする連中」であり、「捜査が長引いたのと、其間多少の無理があつたやうに感じられる。事件は半ば真実で、半ば架空であると思ふ」と述べている。そのうえで、検察側が控訴しても勝算は見込めず、「事変漸《ようや》く拡大したる今日、斯《かか》る闘争は速かに消散せしむるが、国家の為にも、司法部の為にも宜《よろ》しからん」と判断したという（塩野季彦回顧録刊行会編『塩野季彦回顧録』)。

本来、公権力に求められるのは法的手続きの遵守と中立性である。検察が時代の空気に流され、公正さを見失ったときに何が起こるか。その恐ろしさを帝人事件は現代の私たちに伝えていると言えるだろう。

〔参考文献〕

【帝人事件に関して】
有竹修二『昭和大蔵省外史』上巻(昭和大蔵省外史刊行会、1967年)
河合良成『帝人事件』(講談社、1970年)
大島太郎「帝人事件」(我妻栄編集代表『日本政治裁判史録　昭和・後』第一法規出版、1970年)
松浦正孝『財界の政治経済史』(東京大学出版会、2002年)
筒井清忠『戦前日本のポピュリズム』(中公新書、2018年)
武藤治太『武藤山治と帝人事件』(國民會館、2020年)
【斎藤内閣期の政治と政党に関して】
佐々木隆「挙国一致内閣期の政党」(『史学雑誌』第86編第9号、1977年)
升味準之輔『日本政党史論』第6巻(東京大学出版会、1980年)
奥健太郎『昭和戦前期立憲政友会の研究』(慶應義塾大学出版会、2004年)

村井良太『政党内閣制の展開と崩壊』（有斐閣、２０１４年）
萱谷幸浩『昭和戦前期の政治と国家像』（木鐸社、２０１９年）
【平沼騏一郎に関して】
萩原淳『平沼騏一郎と近代日本』（京都大学学術出版会、２０１６年）
萩原淳『平沼騏一郎』（中公新書、２０２１年）

第9章　二・二六事件

筒井清忠

事件の背景

二・二六事件は1936年に起きた青年将校によるクーデター事件である。この事件を、国民や大衆という視点から見ていくにあたっては、事件を起こした皇道派青年将校たちの思想的リーダーと見られた北一輝《きたいっき》と、青年将校とのパイプ役西田税《みつぎ》のことから述べはじめることが適切であろう（後述のようにすべての青年将校が北、西田の影響下にあったわけではないが）。

北一輝は1883（明治16）年、佐渡に生まれ24歳のとき『国体論及《および》純正社会主義』を書いて世に知られた。この書は表題通り社会主義を標榜したものだが、当時の社会主義者たちが日露戦争を批判したのに対し、これを明治維新以来の国民主義を受け継ぐものとして肯定するとともに独自の歴史観に基づき当時の公定的「国体論」を批判したものであった。

同書は発禁となった。以後、北は中国革命同盟会のメンバーとなり1911年辛亥《しんがい》革命が起きると大陸に飛び革命運動に挺身したが、中国で反日運動が拡大するなか、日本の改造を企図し1919（大正8）年『国家改造案原理大綱』（1923年改題『日本改造法案大綱』）を執筆した。

なかでは、クーデターで憲法を停止し、普通選挙制実施、私有財産・資本の制限、土地改革、治安立法廃止、労働条件改革、社会福祉、人権の確立など国内の改造を行い、その後は、アジアの解放に乗り出すことが主張されていた。北は帰国後、大川周明《おおかわしゅうめい》らと猶存社《ゆうぞんしゃ》に拠って国家改造運動を繰り広げていく。「普通選挙制実施」「人権の確立」が目指されていたことからわかるように北の思想は、「天皇の国民」という伝統的な天皇中心の国体観を覆し「国民の天皇」という風に国民・大衆中心の政治制度構築を目標にしたものであった。それは、いわば大正デモクラシーに基礎を置いたナショナルな体制革新運動なのであった。

西田税は1922年、陸軍士官学校本科在学中に北を知り、右の書を読んで深く共鳴し1925年には軍を退いて改造運動に加わった。そして西田を通して青年将校運動の中心メンバーが北の影響下に入っていく。大正後期・昭和初期の度重なる軍縮と軍人軽視の社会的風潮は青年将校にとって自らの存在意義を不安にしていたし、昭和恐慌以降の農村の疲弊は日夜兵士の訓練に励む彼らになんらかの改造による現状打破の必要性を痛感せしめていたのである。それは軍隊内で無視できない勢いをもつ運動となっていった。

1931年8月26日には未発となるクーデター・十月事件に向けた改造運動の主要メンバーの会合・郷詩会が日本青年会館で開かれているが、西田はこのとき青年将校グループのリーダー的存在となっている。十月事件の挫折後、翌1932年にこの郷詩会の民間側同志と海軍青年将校により血盟団事件、五・一五事件が起きるが、西田に率いられた陸軍青年将校グループは動かなかった。1931年末に皇道派の荒木貞夫大将が陸軍大臣となっていたので荒木陸相を通した農山漁村の救済を彼らは期待していたからである。

しかし、五・一五事件は事件そのものより翌年から始まった裁判の方が社会的影響力は大きかった。それはマスコミによってしきりに報道され、その結果、腐敗した政党政治や財閥と結びついた特権階級を打倒し平等主義を実現することが大きな社会的風潮となっていったのである。北らの大正以来の運動が普遍化していったともいえよう。そして、青年将校が英雄視されると当然のことながら彼らの運動に加わる青年将校は増加していった。

したがって、ある意味ではマスコミがそうした「昭和維新運動」を助長したところがあったのだった。

蹶起への流れ

さて、陸軍の皇道派とはどこから現れたものか。もともと陸軍では明治以来山県有朋《やまがたありとも》を中心とした長州《ちょうしゅう》閥が圧倒的に強かったが、上原勇作《うえはらゆうさく》の薩摩《さつま》閥につながる九州閥の流れもあった。大正後期から長州閥は岡山出身の宇垣一成《うがきかずしげ》に受け継がれ宇垣閥となったが、九州閥はこれに対して佐賀出身の真崎甚三郎《まさきじんざぶろう》や荒木貞夫を中心にして結束していった。

この荒木が陸相となると次々に宇垣系の人々を左遷し、九州閥につながる人々で陸軍の要路を急速に固めていった。しかし、荒木は日頃から弁舌爽やかに国家の危機克服を説いていたので期待されていたのであるが、閣内では高橋是清《これきよ》蔵相などに完全に抑え込まれ荒木は口先だけの人だという印象が強くなっていった。

こうした党派性の強さと実行力のなさに辟易《へきえき》した永田鉄山《ながたてつざん》・東条英機《とうじょうひでき》らの幕僚たちは結束して次第に荒木らの排撃を始めだす。この人々のことを統制派といい荒木らを皇道派と呼ぶわけである。永田らは、もともとは大正の中頃にバーデン・バーデンで陸軍の近代化・総動員体制の構築と長州閥の打倒を目指す盟約を結んでおり、帰国後は双葉会・一夕会などの会合を開いて長州閥の流れを汲む宇垣閥の克服を目指してきたものであった。したがって長州閥と戦っていた九州閥と結びつき荒木らに期待したのだが、それだけに失望も大きかった。

彼らはより若い参謀本部員片倉衷《ただし》大尉らとも連携を深めたと見られ、また（最初は排撃した）宇垣閥の流れを汲む南次郎《みなみじろう》系の人々とも結びつき彼らの考える陸軍の正常化＝皇道派の排撃を本格化させていく。1933年の偕行社《かいこうしゃ》における両派会合の決裂後対立は決定的なものとなる。

政治的に振るわなかった荒木は1934年初めに陸相を林銑十郎《せんじゅうろう》大将に譲ったが、宮中等での皇道派の不評を知った林は裏切って反皇道派の包囲網に加わる。林は陸相就任2カ月後の1934年3月には永田を軍務局長に抜擢《ばってき》。続いて8月の異動で次々に皇道派を左遷していった。また軍務局長となった永田は青年将校の会合を禁止するなどの処置もとった。

こうした伏線のなか、陸軍士官学校事件が起き、青年将校運動の中心人物磯部《いそべ》浅一《あさいち》・村中孝次《たかじ》が検挙されたが不起訴となり、二人は「粛軍に関する意見書」を書いて軍を批判、結局免官となった（1935年8月2日）。この事件について詳しくは拙著『陸軍士官学校事件』を参照されたいが、この二人は怨恨を抱いたまま改造運動に専一《せんいつ》となったのである。

続いて1935年7月皇道派の真崎大将が教育総監を罷免され皇道派の凋落《ちょうらく》はいっそう加速した。全国に皇道派の怪文書が飛び、それらは永田軍務局長がこの事態の首謀者だと指摘していた。これを信じた皇道派の相沢三郎中佐は8月12日陸軍省軍務局長室で永田軍務局長を斬殺した。林は責任をとって陸相を辞め中立的な川島義之大将が陸相となった。

しかし、皇道派が追いつめられつつある情勢は変わらなかった。そうしたなか、この年12月多くの青年将校が在職していた第1師団の満州派遣が発表された。村中孝次はこれを知って「渡満前に主として在京同志に依って急に事を挙げなければならぬと考え、其時《そのとき》、決心したのであります」とのちに語っており、他の中心的なメンバーもほぼ同じ時期に直接行動の決意をしている（伊藤隆・北博昭編『新訂　二・二六事件　判決と証拠』）。

事件の首謀者3人のうち歩兵第1連隊（以下、歩1）の栗原安秀中尉の決意がまず磯部に伝えられ、磯部は1935年の暮れから川島陸相ら陸軍の上層部を訪ねて回り、彼らの意向を打診して、好感触を得たと見た。

こうして、1936年2月10日歩兵第3連隊（以下、歩3）の将校集会所に村中、磯部、栗原に歩3の安藤輝三大尉、所沢陸軍飛行学校の河野寿《ひさし》大尉、近衛歩兵第3連隊（以下、近歩3）の中橋基明中尉が加わりクーデターに向けた初めての会合がもたれた。

その後、18日・22日・23日・24日と会合が繰り返され事件の計画は練り上げられていった。それは、歩1、歩3、近歩3の兵力を使って在京の重臣・政府首脳を襲撃、河野大尉の指揮する一隊で前内大臣牧野伸顕《のぶあき》を、豊橋教導学校の対馬勝雄《つしまかつお》中尉らにより元老西園寺《さいおんじ》公望《きんもち》を襲撃、永田町の要部を占拠するなどであった。

教育総監渡辺錠太郎《じょうたろう》大将襲撃と、近歩3の中橋中尉の坂下門での奸臣参内阻止、陸軍上層部との折衝工作を磯部、村中、香田らが担当すること、などは比較的後から追加されたものであった。

ただし安藤は、最初建設計画がなく成算の見込みがないことから時期尚早と考えていたが、歩3の野中四郎大尉に話したところ「何故之《これ》に同意しなかったか」と叱られ、「蹶起《けっき》の時期は延ばしても行動を共にしたい」という村中の説得もあり22日朝に参加決意を磯部に伝えている。

磯部、村中、栗原、安藤、香田、河野、野中の7人が事件計画の最中心メンバーであり、他の参加者には22日から26日朝までに様々に伝えられていった。なお、総参加者は148

3名である。

クーデター計画の全貌

さて、ここでこのクーデター計画の全貌を検討しておくことにしよう。そのためには、青年将校の思想をまず整理しておく必要がある。北一輝の『日本改造法案大綱』に書いてある通りに日本を変えていこうとしていたのは中核の磯部、村中、栗原3人と、香田、安藤、対馬、中橋らであった。彼らを『改造法案』の実現を目指した人たちという意味で「改造主義」と名付けることができる。

これに対して、竹島継夫《つぎお》中尉（豊橋教導学校）、高橋太郎少尉（歩3）、安田優《ゆたか》少尉（野戦重砲兵第7連隊）らは「斬奸《ざんかん》」によって天皇周辺の「妖雲《ようウん》」を払えば本来の「国体」が現れて自然に日本の国は良くなると考えていた人たちである。この素朴な人たちを天皇中心の国体を素朴に信じていた人たちという意味で「天皇主義」と名付けることができる。他の青年将校はこの中間に位置することになる。

クーデターの主導部をなす改造主義の人々にとって困難なことは、天皇主義グループが「斬奸」後の建設計画・次期政権工作などを忌避《きひ》していたことにあった。十月事件の際の幕僚たちの政権奪取的野心の汚さに対する反動から私心のなさが大事だと考えられていたのである。しかし次期政権構想なくしてクーデターは成功しない。こうして改造派指導部は天皇主義派への配慮をしながら政権奪取クーデターを考えねばならないという難しい地点から計画を練っていったのである。それは次のようなものであった。

(1)岡田啓介《けいすけ》内閣の倒壊――新政権樹立のためには岡田首相を暗殺せねばならず、最重要閣僚の高橋是清大蔵大臣も暗殺が企図された。

(2)新首相推薦者中の反対派の排除――元老西園寺公望、内大臣斎藤実《まこと》、侍従長鈴木貫太《かんた》郎《ろう》、前内大臣牧野伸顕らが暗殺対象となった。

(3)皇道派暫定政権(真崎政権)反対派の排除――陸軍三長官の一人、渡辺錠太郎大将を暗殺。真崎甚三郎大将以外の軍の高官には「陸軍大臣に対し要望すべき事項」において「保護検束」「罷免」を要求しており軍政権になれば真崎首相しかありえない。

(4)皇道派暫定政権(真崎政権)成立を天皇に進言する人物の積極的参内の促進――磯部、村中ら上部工作担当将校が川島陸相とともに参内することとし、そのために宮中坂下門の中橋中尉による確保が企図された。天皇主義派の青年将校のことを考慮すると宮城全面占拠などはできない。

さらに、西田に近かった政治浪人亀川哲也を通じた真崎大将・元老西園寺工作、山口大尉の義父本庄《ほんじょう》侍従部官長、重臣清浦圭吾《きようらけいご》、海軍の伏見宮《ふしみのみや》軍令部総長・山本英輔大将などへの支援工作が期された。

また、陸軍内でも最盛期に比すれば弱体化していたが、あちこちに皇道派の将校がおりその支援が期待された。例えば戒厳令が敷かれれば戒厳司令官となる東京警備司令官香椎《かしい》浩平《こうへい》中将は有力な皇道派将官であった。事件後取調べを受けた将校は全国で190名に上っており相当数のシンパが各連隊にいたことがわかる。

(5)皇道派暫定政権の成立——こうしてみるとクーデターとしてのこの事件の計画性が見えてくるが、天皇の態度・反応に対する見通しが甘いものであることも否定できない。これは、天皇の意向が、本庄侍従武官長↓女婿山口大尉↓磯部・村中というプロセスで伝わる際、彼らに好意的な方向に歪んでしまっていたことが大きいと思われる。

いずれにしてもクーデターとしての事件の帰趨《きすう》はこうした上部工作の成否・暫定政権ができるかどうかにかかっていた。以下、この視点から事件の推移を見ていくことにしたい。

事件の推移

26日、歩1の栗原中尉は午前4時30分頃約300名の部下を率い永田町の首相官邸に向けて出発、5時頃に到着して邸内に侵入、警備の警察官4名殺害のうえ岡田首相と誤って義弟の首相秘書官事務嘱託・松尾伝蔵を殺害し占拠した。

近歩3の中橋中尉は4時30分頃に守衛隊控兵ら約120名を率いて出発、5時頃赤坂表町の高橋是清蔵相私邸に侵入し「天誅《てんちゅう》」と叫びながら拳銃と軍刀で殺害した。その後、中橋は近くに待機させていた守衛隊控兵を率いて6時頃半蔵門に到着、門間健太郎守衛隊司令官に願い出て坂下門の警備にあたった。が、門間司令に怪しまれ8時には単身首相官邸に向けて脱出した。

歩3の高橋太郎、安田優両少尉らは約200名の部下を率い4時20分営門を出発、5時頃四谷仲町の斎藤実内大臣私邸に到着侵入、斎藤を拳銃と軽機関銃で射殺した。その後二人は約30名を率いて野砲7の田中勝中尉の準備した自動車で上荻窪の渡辺教育総監私邸に向かい6時頃到着、軽機関銃で玄関を破壊して突入すると渡辺大将が拳銃で応戦してきたので拳銃、小銃、軽機関銃で応射しさらに軍刀も使って殺害した。

歩3の安藤大尉は約200名の部下を率いて3時30分頃兵営を出発、4時50分頃麴町《こうじまち》3番町の鈴木侍従長官邸に到着侵入。部下が侍従長を発見し拳銃で傷を負わせた後、来合わせた安藤が「止《とど》め」を刺そうとしたところ鈴木の妻から懇願されとり止めた。

同じく歩3の野中大尉は部下約500名を率いて4時30分頃出発、5時頃警視庁に至り特別警備隊長らに蹶起趣意を告げこれを占拠、外部との電話連絡を遮断し、屋上にも分隊を配置した。歩1の丹生《にう》誠忠《よしただ》中尉は4時30分頃部下約170名を率いて磯部、村中らとともに営門を出発、5時頃永田町の陸軍大臣官邸に到着、これを占拠して磯部、村中らの上部工作に備えた。

0時40分に歩1を出発した河野大尉ら8人は5時頃湯河原に到着、伊藤屋旅館貸別荘に滞在中の牧野伸顕を襲ったが発見できず、抵抗した護衛の巡査を殺害後、別荘に放火して軽機関銃を乱射。その後河野らは負傷のため東京第1衛戍《えいじゅ》病院熱海分院等に入った後捕縛され、河野は自決した。

豊橋教導学校の対馬勝雄、竹島継夫両中尉を中心とした西園寺襲撃計画は約120名の兵力を使用する予定であったが25日に至り同志中に兵力使用に反対意見が強くなり中止となり、二人は列車で上京、深夜に歩1に到着して栗原らの行動に加わった。

結局、殺害に成功したか否かを別にすると計画中西園寺襲撃以外は予定通り実行されたのである。

上部工作担当の磯部、村中らは陸相官邸到着後、川島陸相に面会、「蹶起趣意書」や「要望事項」（軍内の反対派の名前を挙げて逮捕・罷免を要求したもの）を読み上げ戒厳令を敷くことを要請した。そこへ真崎大将が来着する。

真崎はこの日朝4時半頃、政治浪人亀川哲也の来訪により事件のことを初めて知る。真崎は前年暮れから、山本英輔海軍大将との連携、相沢事件公判の特別弁護人満井佐吉中佐を仲介とした十月事件の首謀者橋本欣五郎《きんごろう》大佐との接触などの工作を深めつつあった。この橋本らとの連携工作には参謀本部作戦課長の石原莞爾《いしはらかんじ》も加担していた（筒井清忠『二・二六事件とその時代』）。このように皇道派の勢力挽回工作を種々しているのに突然クーデターが行われることを知ったのだから、真崎は「死人の様な顔色」になり「万事窮《ママ》すだ」と言っている（林茂ほか編『二・二六事件秘録』第一巻）。

しかしすぐに加藤寛治《ひろはる》海軍大将と伏見宮邸で会うことを電話で決め陸相官邸に赴いたのだった。磯部に向かって真崎は「諸君の精神は能く判って居る」（伊藤隆・北博昭編『新訂二・二六事件　判決と証拠』）と言っている。

真崎から進言された川島は参内することにする。

真崎はその後、伏見宮邸に赴き待ち合わせた加藤とともに拝謁、「強力内閣」の組織や青年将校の恩赦を含んだ大詔渙発《たいしょうかんぱつ》を宮に献言している。その後、伏見宮が参内する車に加藤とともに随走して参内した。宮中に着くと宮を天皇のところに送り込んだ後、侍従武官長室に行き拝謁を待たされていた川島陸相に再度大詔渙発等を進言した。

宮中工作の失敗とその帰結

では天皇と伏見宮との面会まで宮中ではどのような動きがあったのか。山口から本庄に連絡があったのが5時頃、本庄は宿直の侍従武官中島鉄蔵少将に電話したので中島が甘露《かんろ》寺《じ》受長《おさなが》侍従に伝え、5時40分頃甘露寺から事件のことは天皇に伝えられた。6時頃に参内した本庄からも事件のことが天皇に伝えられたが、天皇はいずれのときも「とうとうやったか」と言ったり「御深憂の御様子」といった感じであった。

しかしここで内大臣亡き後の実質的内大臣ともいうべき内大臣秘書官長の木戸幸一が湯浅倉平宮内大臣とともに傑出した対処作を起案する。それは、現内閣の辞職を許さない、ということと、天皇の方針を反乱の鎮圧一本に絞るということであった。暫定内閣を作るということになるとこれが取引の道具になり「実質的には反乱軍の成功に帰することとなる」（木戸日記研究会編『木戸幸一関係文書』）というのが木戸らの見方だったのである。

こうして磯部らの考えたクーデター成功のための最大の眼目＝暫定政権成立プランは木戸らによって読み破られてしまい一歩も前に進まないことになってしまった。

この日の第一公式拝謁者は伏見宮であった。宮は速やかな平沼内閣の組閣を献言したが、天皇はこれに、加藤が加わるので「不同意」という回答で拒否した。面会の結果を待っていた加藤大将は帰途を命じられる。伏見宮を通した最初の暫定内閣工作は潰れた。

次に川島陸相が拝謁。「蹶起趣意書」を読み上げ暫定内閣確立を言上した。天皇はこれを拒否し反乱軍の鎮圧を優先すべきことを川島に言った。さらに午後になると清浦圭吾が参内、軍人首相内閣の樹立と「不徳の致すところとのご沙汰」を発するよう献言しようとしたが面会できなかった。

天皇の前に駆けつけた皇族・重臣等は磯部らの上部工作の想定通りに暫定政権成立を進言したり進言しようとしたのだが天皇は断り通したのである。

午後2時頃から宮中で非公式の軍事参議官会議が開かれここで『陸軍大臣より（陸軍大臣告示）』が決められた。山下軍事調査部長がこの確定したものを陸相官邸で青年将校たちに伝えたのだが、彼らは「要望事項」の実現などの具体的成果や大詔渙発を期待していたのでこれを必ずしも喜ばなかったようだ。

しかし、この前後に青年将校の後押しで宮中に入った古荘《ふるしょう》陸軍次官は川島陸相に再度後継内閣工作を積極化するように進言した。そこで川島は閣議の席で暫定内閣の選考をこの内閣でしたいと提案したがほかの閣僚から拒絶された。この後、後藤文夫首相臨時代理が閣僚の辞表をまとめて天皇に提出したが、天皇は〝現内閣で時局を安定させよ〟として辞表の受け取りを保留した。これを天皇が受け取ればたちまち暫定内閣の選考に入り、事態は反乱軍に有利に傾くのだから木戸らの献言がなければ危ういところであった。

そこで川島は、今度は本庄侍従武官長を通じて暫定内閣成立を献言した。天皇は広幡《ひろはた》侍従次長を呼び相談後、〝すでに現内閣に時局収拾を命じてある〟としてこれを拒絶した。こうして川島陸相工作も、そして取り次いで失敗したため本庄侍従武官長工作も、最終的に挫折したのである。

この日の夜、陸相官邸で軍事参議官たちと青年将校との会談がもたれているが、このとき真崎は青年将校のシンパで相沢事件の弁護人でもあった満井佐吉中佐を別室に呼んで宮中工作の失敗を告げ青年将校の慰留を依頼している。

こうして上部工作はほとんど失敗が明らかとなったので、残された可能性は軍内の中堅幕僚クラスから起死回生のプランが提起され、それに上層部が動かされることであった。

それが、参謀本部作戦課長兼戒厳司令部参謀部第2課長の石原莞爾大佐をめぐる二度の動きであった。

26日夜の青年将校と軍事参議官との交渉の最中に野戦重砲第2連隊長の橋本欣五郎大佐が陸相官邸に現れ村中と相談、その後27日午前1時頃帝国ホテルで石原、満井中佐と事態の収拾につき会談した。真崎のかねてからの工作がこういう形で芽を吹いたのである。相談の結果、〝石原から直接天皇に反乱軍将兵の大赦を奏上、これを条件に反乱軍は撤退し、その上で軍の力で革新政権を作る〟というプランが出来上がった。

石原、橋本が帰った後、満井は村中を呼びこのプランを伝えた。村中は同意したので満井は憲兵司令部に行きこれを石原に伝え、〝維新内閣が無理なら勅語渙発でも〟と依頼した。そこで石原はこれを杉山参謀次長に取り次いだ。杉山は一旦は拒絶したが、結局石原により右の趣旨が起案され杉山ら参謀本部首脳の了解の下、陸軍省人事局長後宮淳《うしろくじゅん》少将が参内、これを川島陸相に伝えたのだがその先は不明である。

また、村中の説得に対し、青年将校側は占拠地の縮小を決めたにとどまった。したがってこのプランは結局ここで一旦頓挫した。

こうして、3人の軍事参議官と青年将校たちとのほとんど意味のない会見が行われただけで27日は過ぎ28日となるが、この日朝9時頃に、満井、石原は再度この帝国ホテルプランの実現を期す。即ち戒厳司令部から部隊の説得を頼まれた満井はまず7時頃に陸相官邸で村中に会い意向を聞いたうえで、戒厳司令部に戻り戒厳司令官、陸軍次官、参謀次長ら軍首脳を前にして強力内閣奏請と大詔渙発を力説したのである。

石原も香椎戒厳司令官に昭和維新の聖勅奏請を進言した。川島陸相が来合わせたところで、石原起案の上奏案を香椎戒厳司令官は提議した。それは〝奉勅命令の実行による鎮圧は流血の惨事となる、これを防ぐには昭和維新の聖旨を拝するしかない〟というものであった。「流血か大詔か」というのであるからこれを上奏されれば天皇もかなり抗しにくかったであろう。

しかし、杉山参謀次長がまず反対し川島陸相も反対したので香椎もこの上奏案を断念する。こうして新内閣確立・大詔渙発の可能性のある最後の機会も去ったのだった。

29日、首相官邸部隊中の中橋の隊などは午前1時頃から無断帰営が始まりだしており撤退しなければ反乱軍の体面が保てなくなるという事態が生じつつあった。結局、全部隊帰営することになっていくが最後まで頑強に帰営を拒んだのが最後まで参加に慎重であった安藤の部隊であった。しかし午後1時頃安藤も部下を集めて撤退を告げた後拳銃により自決を図ったが失敗する。

午後2時頃に安藤、河野を除く指導部青年将校は全員陸相官邸に集合。山下軍事調査部長は自決を勧めたが、磯部、栗原らが法廷闘争を主張したので自決を考えていた人々も翻意して裁判に臨むことにした。ただし野中だけがこの過程で自決する。午後6時頃全員が陸軍東京衛戍刑務所に送られた。

一審弁護人なしの特設軍法会議が4月28日から開かれ、7月5日に首謀者への判決が出た。首謀者中死刑16名、無期禁錮5名、有期2名であった。7月12日に銃殺刑が執行された。

北、西田の裁判は10月1日に開始、1937年8月14日死刑が言い渡された。北、西田裁判のために死刑執行が延期されていた磯部、村中とともに北、西田は8月19日銃殺となった。真崎大将の裁判は1937年6月1日に公判が開始され9月25日に無罪が言い渡された。

事件後

事件後、広田内閣が成立するが組閣人事への陸軍の干渉は前例を見ないものであった。

軍部大臣現役武官制でないのに激しく干渉したのだからこの制度は軍の政治干渉とは関係ないことがわかる。

事件後、陸軍から皇道派は決定的に勢力を失う。変わって石原莞爾を中心とした石原派（満州派）が急速に台頭し、翌年の宇垣内閣流産や林内閣組閣を行っていくが、林内閣組閣を頂点として凋落が始まり日中戦争が始まると石原自身が左遷される。以後、太平洋戦争の直前には東条英機、武藤章《あきら》、富永恭次《きょうじ》ら永田鉄山の下に統制派として結集していた人々が軍の要職についていくが、かつてのような結束があったわけではないからそれらは旧統制派とでも呼ぶべきであろう。また石原派と東条派の戦いは根深く続いたので〝二・二六事件後の陸軍は統制派が支配した〟というような言い方は誤りである。

一方、皇道派は陸軍のなかでの影響力は失ったが、昭和10年代を通じてのエース的政治家近衛文麿《このえふみまろ》が皇道派よりであったため政界上層部での影響力は残り続けることとなる。具体的には、荒木貞夫、柳川平助らが入閣し、太平洋戦争中には吉田茂《しげる》らと反東条の共同戦線を張り終戦後の東久邇宮《ひがしくにのみや》内閣には小畑敏四郎《おばたとしろう》が入閣するのである。

最初に述べたように北の『改造法案』は強い平等主義に裏打ちされていたし、青年将校運動の背後には五・一五事件の裁判報道によって醸成された特権階級打破を目指す平等主義的「革新機運」に対する国民的支持があった。したがって、それらに基づく社会の平準化の発想は、青年将校や北一輝が処刑されたからといって消えたわけではない。それは、「財閥の転向」と言われた財閥の社会政策的施策を導き出した。さらに、革新官僚や一部の軍人たちに受け継がれて戦時の資本主義の規制や小作農の地位改革・健康保険制度の確立などにつながっていく。その意味では青年将校のクーデターは失敗したのだがその政策的企図は長い時間をかけてある程度実現していったこともあるといえるかもしれない。それは、もともと『改造法案』中の国内改革プランの大部分は1903年の『社会民主党宣言書』によるものであったことからわかるように、彼らの志向のうちのかなりの部分をなす平準化志向が、大きな時代の趨勢《すうせい》とつながっていたからであった。そのあたりにこの事件を理解するうえでの難しさがあるといえよう。

〔参考文献〕

北博昭『二・二六事件　全検証』（朝日新聞社、2003年）
筒井清忠『二・二六事件とその時代』（ちくま学芸文庫、2006年）

筒井清忠『二・二六事件と青年将校』（吉川弘文館、2014年）
＊現時点での事件についての信頼できる研究書はこの3点である。

木戸日記研究会編『木戸幸一関係文書』（東京大学出版会、1966年）
林茂ほか編『二・二六事件秘録』第一巻（小学館、1971年）
伊藤隆・北博昭編『新訂　二・二六事件　判決と証拠』（朝日新聞社、1995年）
＊本稿で引用した基本資料はこの3点である。

筒井清忠『陸軍士官学校事件』（中公選書、2016年）（皇道派と統制派の対立についての基本研究）
筒井清忠監修『オンライン版　二・二六事件東京陸軍軍法会議録』（丸善雄松堂、2020年）（二・二六事件の東京陸軍軍法会議の記録。事件研究の根本資料であり、これを検討していなければ研究とは言えない）
筒井清忠「二・二六事件東京陸軍軍法会議録　解題」（事件研究史について詳細に書いてあり、資料や研究書についてはこれを見ればすぐにわかる）
筒井清忠「近現代史ブックレビュー」。「【第6回】半藤一利氏による『新しい『二・二六』観』を検証する」（『WEDGE Infinity』2021/08/16）、「【第12回】近代日本史上、唯一にして最大のクーデター事件に迫る」（『WEDGE Infinity』2022/02/17）。（最近の二・二六事件の研究の動向について参考になる）

＊本章は、筒井清忠編『解明・昭和史』（朝日選書、2010年）第7章をもとに、その後の研究を加え本書の主題に沿って書き直したものである。

第10章　日中戦争――勃発と拡大

岩谷　將

盧溝橋の銃声

１９３７（昭和12）年7月7日から8日にかけて、北平（現北京）近郊の盧溝橋《ろこうきょう》付近において日中両軍が衝突したとの一報がもたらされたとき、多くの人はこの衝突がその後8年にも及ぶ戦争の起点となるとは想像もしなかったであろう。というのも、夜間演習中の日本軍が不法射撃を受けたことが8日正午のラジオと号外で報じられたが、翌日には両軍の撤退交渉が成立したとの一報がもたらされたからである。前年の9月19日にも日中双方の部隊が盧溝橋近傍の豊台で衝突事件を起こしていた。そのときも中国側が遺憾の意を表し、衝突部隊を移送することで決着していたこともあり、事態が長期化し、重大化していくとは思われなかった。しかし、当初の予想とは異なり、事態は徐々に重大化し、長期化していくことになる。

そもそも衝突の相手は、日本側の要求により中央軍を追い出して呼び入れた地方軍（第29軍）であった。その第29軍は元来が西北軍の流れをくむ軍隊であり、表面的には中央政府に服しているものの、必ずしも指示通りに動くわけではなかった。当時、北平一帯を含む河北省・察哈爾《チャハル》省は日中間の妥協により冀察《きさつ》政務委員会と称する地方組織が1936年末に設けられ、第29軍の軍長である宋哲元《そうてつげん》が委員長に選ばれた。また、冀察政務委員会の主要ポストならびに各省市の長は第29軍の幹部で占められていた。日本側はこの宋哲元を相手に経済提携を持ち掛け、局地的な取り決めを交わすことによって影響力を拡大しようとの思惑を持っていた。しかし、中国側中央政府の牽制もあり、進退窮まった宋哲元は1937年5月中頃に墓参と称して郷里の山東省楽陵に帰省し、雲隠れしてしまった。

事件の発端は、7月7日の夜、盧溝橋近傍の永定河畔の荒蕪地で第2期の検閲に備えて夜間演習を行っていた日本軍に対し、何者かが実弾を複数回発砲したことによる。発砲を受け、演習を中止して点呼したところ、兵1名が行方不明であった。報告を受けた牟田口《むたぐち》廉也《れんや》連隊長は戦闘準備を整えて宛平県《えんぺいけん》（盧溝橋）城内での失踪兵の捜索を命じた。失踪した兵は道に迷っていただけでほどなく発見された。当初は兵の捜索が目的であった宛平県城への入城は、いつのまにか発砲した犯人の捜索へと変化したことから、この失踪事件は単なる発砲事件を複雑化させる要因となった。

北平では事件発生直後から善後交渉が開始され、双方から調査団を派遣して拡大防止に努めることとなった。第29軍の顧問を務めていた櫻井少佐は、北平市長兼第29軍副軍長の秦徳純《しんとくじゅん》と会見し、部隊は城外に配置せず、城外にいれば攻撃可、との回答を得た。これが日本軍の発砲の根拠となる。翌朝午前3時頃には再び銃声が鳴り響いたため、日本側は射撃準備をして前進を始めたが、日中合同調査団が到着したため、前進を中止した。しかし、最も近接していた日本軍部隊に対して前進を制止する中国側より射撃が加えられ、午前5時30分に戦闘が開始された。双方の調査団が制止に努めたことから午前6時に一旦停止となり、昼頃には停戦交渉が妥結した。

その後、北平と天津《てんしん》では日中双方の軍・外交当局が善後処置に動き出し、9日午前5時を期して両軍撤退を実施し、撤退後の治安維持は保安隊が実施することになった。ところが、合意された午前5時になっても中国側は撤退を開始するどころか、協定に基づき盧溝橋駅付近に集結しようとする日本軍に対して盛んに射撃を行いはじめた。中国側に対して確認を求めたところ、豊台から盧溝橋に出した伝令が日本軍により阻止されたことが理由であった。その後、第29軍の命令が伝達され、午後4時に保安隊に引き継いで撤退が完了した。これによりひとまず事件は収束を迎え、11日に司令官の謝罪と責任者の処分、盧溝橋警備の保安隊による実施、共産党や抗日団体の取り締まりなどからなる3カ条の協定が調印された。この間、日本側の犠牲者は死者10名、重軽傷者22名であった。

日本国内の反応

現地では11日にかけて一旦収束に向かっていったが、日本国内では逆の動きが生じていた。事件の第一報は8日の早朝に北平から打電され、陸軍には朝の課長会報時に伝えられた。当初、陸軍中央部は相当混乱した状態であり、南京中央政府が全面戦争を企図していると危惧するものもあった。しかし、参謀本部では対ソ戦備に専念し、中国との紛争を回避すべきだとする石原莞爾《いしはらかんじ》第一部長らが主導し、事件の拡大防止と兵力行使を避けるよう支那駐屯軍（天津軍）に対して指示した。

翌9日の閣議では杉山元《すぎやまはじめ》陸相より内地3個師団の派遣が提起されたが、米内光政《よないみつまさ》海相の反対もあり、現地において撤退交渉中との報がもたらされたことから見送られた。また、政府として、今回の原因は中国側の不法行為にあること、我が方としては不拡大方針を堅持することなどを申し合わせた。

日本政府内において事態が重大化するかもしれないと考えられはじめたのは、中国側が中央軍の出動を要請したことが報じられた7月11日の頃である。この日には中央軍北上の報を受けて居留民保護の必要から内地師団の動員を含む派兵案が承認され、いよいよ事態が窮迫しているとの印象を与えた。とりわけ、近衛文麿《このえふみまろ》首相が派兵声明を大々的にアピールし、政・財・メディアの各界を集めて挙国一致を謳ったことから、中国を膺懲《ようちょう》せよとの世論が巻き起こった。ただ、華々しい対外アピールの裏で、経費の増大、兵力固着を恐れていた参謀本部は、現地から停戦協定成立の知らせがもたらされたこともあって、その態度を急転させ、局面不拡大現地解決による全面戦争回避の従来方針を再確認し、内地からの動員を延期した。中央における派兵決定は、当初の中央の指示である不拡大・局地解決方針に基づいて行われた現地折衝とその妥結に混乱をもたらす結果となり、その後の経緯から見れば、現地交渉に対して誤ったシグナルを与えるものであった。

新司令官の着任と第29軍の動向

11日の交渉成立にもかかわらず、翌日の北平市内の警戒は緩和されず、むしろ戒厳が強化された。また邦人等に対する中国側官憲による拘束、逮捕、暴行、殴打などの不法行為が頻発した。12日、天津軍では病床に臥せっていた田代晥一郎《たしろかんいちろう》中将にかわり、香月清司《かつききよし》中将が司令官として天津に着任した。香月司令官は中国中央軍北上の知らせと派兵声明のタイミングで天津に向かったため、当初は非常に強硬な姿勢であり、着任早々に開かれた会議では武力攻撃も辞さない方針が打ち出された。

現地協定の成立を受けて陸軍中央の態度が軟化したことは先に述べた通りだが、天津軍の厳しい情勢認識を知り、陸軍中央では改めて事件の不拡大と武力行使の際に事前承認を得るよう通知し、成立した協定の実行監視に注力するよう求めた。こうした判断の背景には、海軍が兵力行使に消極的であったことに加え、中国側の中央軍が北上しているか否か確実ではなかったことも関係していた。さらに、天皇からも事態の拡大を心配する親書が司令官宛に届けられたことから、天津軍では武力に訴えず協定の履行をうながす方針を定めた。

では、もう一方の当事者であった第29軍はどうであったか。宋哲元は事件当時帰省中であったが、事件の知らせを受けて、当初日本と冀察側を対立させようとする第三者による謀略と考えた。また、事件の拡大は避けがたいと予想したが、当面は第三者の策謀に乗らないよう注意し、防衛に努めるという比較的消極的な方針を取った。

しかし、現場の部隊である第37師は第29軍全体の方針を超えて積極的な行動に出ており、事態が鎮静化しつつあった10日夜にも日本軍に対して攻撃を行っていた。第29軍のうち、日本との協定に署名した第38師長兼天津市長の張自忠《ちょうじちゅう》は親日的、第37師長兼河北省長の馮《ふう》治安《ちあん》は反日的と見られており、宋哲元は親日派と反日派の両者を使い分けて、事態の拡大に備えつつも可能であれば穏便に幕引きを図ろうとしていた。

天津に戻った宋哲元は首脳を集めて会議を行い、和平方針を周知するとともに、自軍から撤退を行うよう命令を発した。これを受けて、午後には部隊の移動が開始された。さらに、13日には拘束されていた憲兵や民間人の釈放に応じ、翌日には停止していた鉄道の運行を再開した。この時点では、宋哲元は蔣介石《しょうかいせき》はじめ南京政府を心から信頼することができず、憂慮に堪えないと周囲に洩らしており、日本との和平に含みを持たせていた。

衝突再び

宋哲元の天津帰還以降、事態は解決に向けて進みだしたかに見えたが、中国側現地部隊では不満が高まっており、14日には第37師が攻勢を取ることを決意した。天津軍の観察では、中国側現地部隊は抗日意識旺盛で、依然として挑発行為を止めず、同軍は中国側が将来誠意をもって協定を履行するかどうかについてすこぶる疑問視していた。

そのような折、永定門で移動中の日本軍が射撃を受けて4名が死傷する事件が起き、翌15日にも通州から豊台に向かっていた騎兵が団河付近で猛射を受け、2名の死傷者を出し、うち一人が惨殺される事件が起きた。宋哲元が穏便に事を収めようとしても、実際問題として高まった現地部隊の敵愾心《てきがいしん》は抑えることが難しく、配下の部隊をコントロールすることもまた難しかった。第37師長の馮治安も抗日により部下の信頼を得ていたことから、態度を軟化させることは自身の進退にかかわるため、いきおい強硬とならざるをえなかった。

当初、なかなか中央軍が北上してこず、抗戦計画についても説明がないことから、宋哲元は南京政府が第29軍を単独で日本と戦わせようとしているのではないかと、強い不満と疑念を持っていた。だが、この頃には、南京から北上した熊斌《ゆうひん》参謀次長が中央政府の抗戦計画を宋哲元に伝達したことから、宋も南京政府に一定の信頼を置くようになった。また、その過程において日本側の増援部隊の状況を把握し、戦争が避けられないと認識するに至ったことも心境変化の背景にある。宋哲元は避けられない戦争であるとしても、可能な限り時間を引き延ばして準備を整える必要があるとも考えており、日本との交渉において張自忠を前に立て、呑める条件については受け入れながら、できる限り時間を稼ぐつもりであった。

引き続く衝突を受けて、宋哲元は表向き挨拶の体で香月司令官を訪問して遺憾の意を表して「陳謝」し、現地解決条件の一部についてうまく折り合いを付けて履行のうえ、北平へと赴いた。天津では引き続き停戦協定の細目について交渉が行われ、19日に3カ条のうち未決となっていた第3項目の抗日団体や共産党、排日の取り締まりなどの細目について橋本群《はしもとぐん》参謀長と張自忠との間で合意をみた。また、20日午後には、北平で日本側と宋哲元で協議が行われ、責任者の処罰として営長（大隊長相当）を免職したこと、第37師を撤退させ、別の部隊に置き換えること、19日の協定細目はすべて実施することが約束された。

他方で、第29軍の兵士たちは、協定成立により〝和平解決〟との知らせが20日に伝わって以降、抗日感情が異常に高まっていたといわれており、上層部での緊張緩和とは異なり、部隊レベルでの対日感情は悪化の一途を辿っていた。

参謀次長の再北上と宋哲元の変化

宋哲元のイニシアティブによって事態は緩和するかに見えたが、23日に蔣介石の電報を携えた熊斌参謀次長が北平を訪問すると、宋哲元の態度に変化が生じた。蒋介石はこれまでの協定については認める方針を伝え、共同で任に当たると宋哲元に協力を呼びかけた。これを受けて宋哲元は翌朝幹部を集めて今後の方針を話し合った。さらに昼には蒋介石から大規模な日本軍の増援部隊が朝鮮、大連から輸送されているとの情報を得る。

熊斌参謀次長の訪問を受けて、宋哲元は進めていた第37師の撤退を中止した。この措置により、天津軍は宋哲元に強い疑念を持つことになる。そこで、日本側から宋哲元に真意を確認したところ、宋哲元は日本側との細目協定を承知しておらず、また宋の命令も令達されていなかったことが判明し、さらには第37師すべての移駐を約束した覚えはないと宋が述べたことから、日本側は「啞然」とし、出先部隊は相当憤慨することとなる。

両者の認識の相違を把握した天津軍は、24日夜に今回の撤兵の行違いについて張自忠を招致し、北平城内の第37師を10日以内に移駐させ、事件に関係した部隊は速やかに移駐することで合意した。25日の段階では、依然として現地の天津軍、特務機関、大使館いずれにおいても不拡大方針のもと、第29軍側に取り決め事項の実行を迫り、軍事的手段に訴えない方針であった。天津軍ではこの方針を非公開の約束のもと、各新聞社・通信社より記者を招致して伝達したが、記者たちは天津軍の方針に対し、従来の報道ぶりとあまりに違いがあることに驚き、幾分不服気味に退出するものが多かったという。

廊坊・広安門事件と華北総攻撃

事態が急転したのは25日午後11時過ぎのことであった。事件は北平と天津のほぼ中間に位置する廊坊《ろうぼう》で起きた。25日は撤兵が進まないことを除いて、特段衝突もなく平穏に経過していたが、夜になって電線修理のために廊坊に派遣されていた日本軍に対して中国軍が射撃する事件が起きた。この攻撃を行った部隊は日本側に友好的であると考えられていた張自忠麾下《きか》の第38師であった。事件の報を受けて、攻撃が第38師によるものであることを重く見た天津の司令部では、以後、外交交渉による問題解決を断念し、徹底的にたたく方針に決した。天津軍は参謀総長に対し武力行使の許可を願い出て、所要に応じて兵力を行使することが認められた。

さらに26日には居留民保護のために北平に派遣された部隊が広安門で射撃を受ける事件が起きた。天津軍では交渉による事態の打開を断念したが、中国側より日本の要求通り第37師を撤退させるとの申し出があったため、27日正午を期限として通告のうえ、撤退の監視を行うこととした。

期限を過ぎた27日午後1時の段階で、第37師は依然として撤退を開始しておらず、午後には北平周辺で小規模な戦闘が生じた。午後3時、冀察政務委員会は日本の最後通牒の不当な要求を拒絶すると発表し、現地当局間で進められた交渉は終了した。天津軍司令部は28日午前2時、特務機関を通じて宋哲元に対し、軍の自由行動を通告した。同日早朝より、天津軍は北平周辺に対して総攻撃を開始し、当初日本側が目指した交渉による局地解決、不拡大方針は武力による膺懲に帰結した。

第二次上海事変

一方、蔣介石は7月下旬頃には華北の事態が拡大すると判断し、地方軍が主体となる華北では苦戦が予想されることから、長年防衛施設の構築に力を入れてきた上海周辺での速戦即決を企図する。これは上海の日本軍の兵力が少なく緒戦において勝つ見込みがあり、優位な状況を作ったうえで列国の干渉を得て講和に持ち込むことを狙ったもので、少なくとも華北にある日本軍の勢力を二分し、一部を華中に指向させて南下する日本軍の速度を緩和させることを企図していた。

熊斌参謀次長の入平により華北での情勢が緊迫化しはじめた7月23日には、蔣介石は上海にあるガソリンや通信機材の購入を指示し、30日には精鋭部隊である教導総隊を江南岸に集中するよう指示した。また、この頃から上海の保安隊が陣地構築の準備を本格化しはじめ、日本側から停戦協定違反との抗議を受けていた。8月6日には海軍特別陸戦隊の大山中尉が殺害される大山事件が発生し、上海の緊張は急激に高まった。同日には蔣介石は軍事的準備がおおむね完成に近づいたと認識し、翌日国防党政聯席会議を開催し、抗戦と積極戦備を決定した。会議では外交交渉は放棄されなかったが、中国の方針は主戦に決定した。

中国側の最終準備が本格化するのは11日のことであり、この日、教導総隊が上海に向けて前進を開始し、上海包囲攻撃の命令が下された。また、上海の保安隊に対しても戦闘準備が下令され、防衛施設の最終構築に着手し、13日までにドイツ式装備をまとった精鋭の正規軍である第87師、第88師を上海市街に引き入れる任務を完了させた。

大山事件を受けて日本海軍は居留民保護のため佐世保から陸戦隊約1200名を上海に向かわせたが、蔣介石はこれを日本の積極的な戦闘準備と考え、最終準備の開始を決断した。翌12日に開かれた中央執行委員会常務会議において蔣介石が大元帥に推挙されるとともに、「本日より全国が戦時状態に入ったことは疑い得ない」ことが確認された。イギリスの大使館附空軍武官によれば、87師、88師がそれぞれ江湾、上海北駅に配備され、上海を結ぶ鉄道と電話が停止されたことを報告し、「中国側が第87、第88師を撤退させなければ——そしてそれは全く実現しそうにないが——すぐにでも戦争が始まるだろう」と伝えている。そして、13日午前に始まった散発的な銃撃戦は夕刻には本格的な戦闘へと発展した。

戦後、上海での作戦を担当していた張発奎《ちょうはっけい》が述べたように、上海での戦いは入念に準備されたものであった。したがって、数的にも劣勢であった日本軍は上海での戦闘に苦労し、開戦から2カ月で実に2万人もの死傷者を出すこととなった。開戦当初は5000名にすぎなかった海軍陸戦隊だけで居留民を保護することは困難なため、陸軍は上海派遣軍の動員を下令した。しかし、参謀本部第一部長であった石原は上海が危険なら居留民を引き揚げ、損害を補償する方が戦争するより安くつくとして、依然として大兵力による派兵に消極的であり、結果的に避けるべき兵力の逐次投入を行うこととなった。他方、砲火力を欠く中国側も日本軍の増援前の速戦即決に失敗し、戦闘は徐々に泥沼化していった。

9月末には上海における戦傷者数は華北の戦場のそれを上回り、石原に代わって第一部長に就任した下村定《しもむらさだむ》は主戦場を華中に転換し、敵に有効な打撃を与える積極作戦を実施する方針を立てた。その意図は居留民保護を超えて、さらに敵主力をたたいて戦争の終結を図るものであり、ここに至って陸軍は不拡大方針を放棄し、積極方針を採用するに至った。その後、第10軍が杭州湾に上陸し、中国軍を挟み撃ちにしたため、戦局は日本に有利に展開し、11月中旬には蘇州・嘉興《かこう》の制令線に進出した。参謀次長の慎重姿勢もあり、当初主力を上海近郊にとどめ、第10軍に対しては南京への追撃など不要な戦線拡大を慎むよう指示したが、度重なる現地軍の意見具申に統帥部もついに折れ、南京攻略が決定された。

トラウトマン工作と南京の陥落

この頃、日本側では首都攻略を控えて、第三国を通じた和平調停を模索していた。とりわけ、今後の戦争拡大と長期化を危惧していた参謀本部戦争指導課は中国との和平に向けて積極的な姿勢を見せ、首都攻略のタイミングで和平を実現したいと考えていた。11月5日、日本からの依頼を受けた駐華ドイツ大使のオスカー・トラウトマンは蔣介石に対し7項目からなる日本側条件を伝達した。しかし、11月の段階では戦局は中国にそれほど不利ではなかったこと、ブリュッセルにおいて九カ国条約会議が開かれていたこと、対日参戦を打診していたソ連からの回答を待っていたことなどから、蔣介石は日本の提案を拒絶した。その後、戦局は中国にとって不利となり、ブリュッセルでの会議も期待した成果を得られず閉会し、ソ連からの回答も望み薄となったことから、蔣介石は12月2日に在京の将領を集めて再度検討を行った。多くの参加者が一旦停戦して態勢を立て直す必要があると考えており、蔣介石もこれを受けて時間稼ぎの必要を認めた。蔣介石はトラウトマンと会見し、日本の条件に変化がないことを確認したうえで、日本側提案を基礎として受け入れることを決定し、具体的な回答を作成すべく検討を指示した。仲介をしていたトラウトマンは翌日の日記に「昨日は私の人生でもっとも素晴らしい日であった」と記した。

他方、日本側では参謀本部の戦争指導課を中心に和平に向けて国内の意見統一を目指していた。参謀本部は首都である南京の包囲攻略の態勢を整えた状態で講和を図ろうと考えていたが、一番乗りを競う現地部隊の追撃に引きずられ、作戦指導が戦況に追いつかない状況が生まれた。12月13日に南京が陥落すると親日政権の育成を企図していた華北・華中の現地軍からにわかに国民政府否認論が台頭し、軍内においても和平推進派は厳しい立場に置かれた。この状況をさらに後押ししたのが世論であった。

紙価の高騰や景気先行き不安による広告の減少により、新聞各社の経営は厳しさを増していたが、事変の勃発は購読者獲得に向けたセンセーショナルな報道をエスカレートさせていった。さらに300万台にまで普及したラジオはその傾向をさらに強めた。南京陥落が報じられると大々的な祝賀行事が行われ、上海戦以来の多くの犠牲により勝ち得た「戦勝」気分に沸く国民に対して和平を口にできるような状況ではなかった。11月以降の戦況の好転により和平条件は逐次加重されていったが、南京の陥落はさらにその傾向を決定づけた。

近衛声明と交渉の打ち切り

12月16日の大本営政府連絡会議においてドイツ大使を通じて和平条件を伝えることが合意されたが、翌日に開かれた閣議では連絡会議に参加資格のない文官閣僚が軍以上に強硬であり、11項目に及ぶ条件に対し軟弱であること、既成事実たる華北について再度云々するのは問題であること、「勝者」がこれほど詳細な条件を提起する必要があるのかといった意見が出て、結論が出ないまま散会となった。結局、日満防共に協力すること、所要の地域に非武装地帯を設定すること、日満支の密接な経済協定を締結すること、所要の賠償をなすことの包括的な4条件を再度中国側に期限を切って伝達することとなった。しかし、この4条件はいかようにも解釈できる非常にあいまいなもので、それを目にしたトラウトマンは、この要求を中国が受け入れるということは、その将来をすべて日本に委ねることを意味することから、気分が悪くなったという。

12月26日に再度中国側に伝えられた条件は中国にとって受け入れがたいものであったが、期限とされた翌年1月10日までに回答すべく議論が重ねられた。この頃には、蔣介石を除く多くの指導者が少なくとも停戦によって態勢を立て直す必要があると考えていた。しかし期限に至っても回答案がまとまらず、より詳細な内容を日本側に求めたため、日本は改めて15日を最終期限とし、回答は明確な態度表明でなければならないが、和解への前向きな表明であれば特定の問題に関する具体的な反問であってもよいと通告した。

汪兆銘《おうちょうめい》、張群《ちょうぐん》、孔祥熙《こうしょうき》らの指導者が具体的な反問を伴う回答の作成に着手し、14日に開かれた国防最高会議でも多くの参会者が和平を唱えた。しかし、前線に赴いていた蔣介石は具体的な反問部分を削除するよう命じ、結局中国が回答として伝達した口上書は、10日の回答と大差ないものとなった。トラウトマンは「中国は否定的な態度から何を得ようとしているのか。軍隊がすぐに戦えるようになるわけではないのに。私は非常に悲観的だ」と案じていたが、その不安は的中した。日本側は中国の回答を遷延策と見なし、1月16日に「帝国政府ハ爾後《じご》国民政府ヲ対手《あいて》トセス」との声明を発した。日本では12月初めから和平交渉に関する報道がなされていたが、南京陥落によりなんらかの決断が発表されるであろうと予想されていた。年明けの議会では和平交渉について追及されるであろうと政府も予期しており、声明は議会の強硬派に対する対策として出された側面もあった。
中国側は日本の声明を受け、トラウトマンに対し以後日本側からの条件等の伝達を拒否すると伝え、日中間の公式の和平交渉はついに打ち切られた。盧溝橋の銃声に始まった偶発的な事件は、ここに解決の糸口を失い、以後7年半に及ぶ戦争へと拡大していくこととなった。

〔参考文献〕

井上清、衛藤瀋吉編『日中戦争と日中関係』（原書房、1988年）
戸部良一『ピースフィーラー』（論創社、1991年）
劉傑『日中戦争下の外交』（吉川弘文館、1995年）
秦郁彦『盧溝橋事件の研究』（東京大学出版会、1996年）
軍事史学会編『日中戦争の諸相』（錦正社、1997年）
筒井清忠『戦前日本のポピュリズム』（中公新書、2018年）
川島真、岩谷將編『日中戦争研究の現在』（東京大学出版会、2022年）

第11章　三国同盟・ヒトラーと日本世論

佐藤卓己

三国同盟を支持した輿論と世論

ヒトラーの第三帝国と大日本帝国が軍事同盟を結び、第二次世界大戦に突入した政治外交プロセスでは、親独的な知識人の輿論《よろん》（public opinion）とそれに同調した大衆の世論《せろん》（popular sentiments）が大きな役割を果たした。本章では1940年三国同盟に至るヒトラー支持の世論形成を1936年日独防共協定締結、1938年ヒトラーユーゲント来日、1940年三国軍事同盟締結に焦点を絞って検討し、そうした「ヒトラー不敗」の世論が戦争末期まで持続していたことを確認したい。

戦時下の親独世論に対する戦後「進歩的知識人」からの批判として、フランス文学者・中島健蔵の『昭和時代』が代表的だろう。その第Ⅶ章「統制下の雰囲気」では「ナチスの影響」がとくに強調されている。

1936年日独防共協定の輿論

1936年11月25日の日独防共協定成立時、中島は東京帝国大学文学部講師だった。「ナチスびいき」の大学人をこう批判している。

当時のナチスびいきの特徴は、ひどく排他的であると同時に、まったくのベタボレで、日本人であるよりは、ドイツ人の手先きという感じが強かった。（中略）そういうお前もドイツ人ではないじゃないか、おかしなことをいうな、と苦笑するほかなかった。日本の知識人の中にさえ、そんな子どもっぽさがあったのだ。こういう子どもっぽさが、外交官にも軍人にもあった。それが日本を妙な方向に落ちこませていった原因の一つに数えられるのである。

防共協定調印の3カ月前、1936年8月の第11回オリンピック・ベルリン大会の成功ムードのなかで、ヒトラー独裁への批判精神に欠ける知識人が数多く存在したことは事実である。この「ナチ五輪」を前に『独裁王ヒットラァ』を上梓した黒田礼二もその一人である。黒田（本名・岡上守道）は東京朝日新聞ベルリン特派員として、1931年12月にヒトラーと最初に会見した日本人記者である。東京帝大在学中は新人会に属する左翼学生だった岡上は、モスクワ特派員時代から尊敬する無政府主義者クロポトキンと共産主義者レーニンをもじったペンネーム「黒田礼二」を使っていた。人民大衆に向き合う社会主義者・黒田礼二は、国民社会主義ドイツ労働者党の党首であるヒトラーのなかに「人民指導者」を見出し、やがてその崇拝者へと転向した。黒田の目に「独裁王」はこう映っていた。

彼といふ人間は普通一般の労働者であつてもよいし、又企業家の手代であつても差閊《さしつか》へない。……或《あるい》は麦酒屋《ビールや》やレストランの主人だと言つても通用するだらうし、いや相当なお役人だと言つても別に可笑《おか》しくないだらう。然《しか》り、彼は平均した「人民《フォルク》」である。ふと私はドイツ人をみんな寄せ集めて、その全数で割つた商を求めたら、屹度《きっと》ヒットラァみたいな恰好の人間が出来あがるに違ひないと思つた。だからこそ彼は今、真の『人民指導者《フォルクスフューラァ》』だ！

もしヒトラーがドイツ国民の「全数で割った商」、つまり「平均した人民」であれば、彼こそ国民世論の体現者である。黒田はヒトラー独裁に民意を体現した大衆民主主義を見ていたわけである。黒田特派員が書いた記事によって新聞読者が親独的になった、というわけではない。とはいえ、黒田のような親ナチ記者は日本の主要新聞社内では例外的だった。実際、1933年のヒトラー政権成立時の『東京朝日新聞』『東京日日新聞』『讀賣《よみうり》新聞』の論調を分析した岩村正史によれば、各社ともナチズムに対しては批判的、冷笑的に報道しており、独裁政治やユダヤ人迫害を肯定する記事はほとんど見当たらない（『戦前日本人の対ドイツ意識』）。

注目すべきは、第一次世界大戦に勝利して日本が手にした「旧ドイツ領南洋群島」の返還をヒトラーが唱えていたことである。日本が「民主主義」陣営の側に立って「専制主義」ドイツ帝国と戦ったのはわずか15年前のことである。黄禍論を唱え、三国干渉を主導したヴィルヘルム二世のドイツ帝国に、好印象をもつ日本人は少なかった。1933年3月に日本は国際連盟を脱退するわけだが、「ヴェルサイユ体制」打倒を唱えるヒトラーと外交的利害が一致していたわけではない。そうした外交問題に加えて、「非ドイツ的図書没収し焼き棄《う》つ」全体主義政治の暗黒面も日本の新聞各紙は批判的に報じていた。たとえば、1933年5月14日付『東京朝日新聞』は「わが文論壇人からナチスに抗議」で「文化の破壊」に抗議する長谷川如是閑《にょぜかん》や三木清など知識人の活動を紹介している。こうした自由主義者の反ファシズム運動が一般大衆に支持されていたわけではないとしても、この時点で世論が「ナチスびいき」だったという証拠もない。

1936年11月26日に日独防共協定の締結が公表されたときも、世論は必ずしも好意的な反応を示さなかった。むしろ、世論に反して協定締結を支持した全国紙への批判も新聞内報（業界紙）などで確認できる。たとえば、A・B・C「輿論が新聞を指導」（『現代新聞批判』1936年12月15日号）である。

> 日独協定に対する世論ごうごうと起《おこ》り、誰一人これに賛同するものがない。賛同の意を表したのは、かねがね腰抜けと頭脳の悪さで特徴づけられてゐる政党の幹部ばかりだつた。（中略）日独協定発表と聞くや「東朝」、「東日」は社屋の入口に大国旗とナチスの旗とを交叉《こうさ》して、ファシズムに敬意を表した。今となつては、「東朝」、「東日」はナチスの旗の遣《や》り場に困つてゐることだらう。非常時新聞街の珍景こゝに極まる。

この記事に続く「新聞小言」欄でも、『東京朝日新聞』『東京日日新聞』は「世論反対と見て今度は外交の失態を鳴らす」、「言論機関は輿論に指導されるものらしい」と揶揄《やゆ》されている。これに対して、鈴木東民《とうみん》外報部長を擁する『讀賣新聞』は防共協定に明確に反対を表明していた。もちろん、筋金入りの反ナチ闘士・鈴木東民の存在だけが理由ではないだろう。二大全国紙を急追する同紙が大衆世論により敏感な反応を示していたと見ることもできる。防共協定に対する「世論反対」を示す統計データは存在しないが、輿論形成の場とみなされていた総合雑誌では多くの反対意見が確認できる。

『文藝春秋』１９３７年新年号は有識者21名の「日独防共協定に対する感想（葉書回答）」を掲載している。賛成12名（菊池武夫・村川堅固・櫻井忠温《ただよし》・市嶋謙吉・小島精一・瀬川秀雄・江藤源九郎・杉森孝次郎・石川準十郎・田子一民《たこいちみん》・石山賢吉・宮崎龍介）、反対９名（風見章《かざみあきら》・今村力三郎・田川大吉郎・堀真琴・鈴木茂三郎・向坂逸郎《さきさかいつろう》・亀井貫一郎・植原悦二郎・清沢洌《きよさわきよし》）で拮抗しているが、誌面編集には印象操作の作為を感じさせるものがある。「日独協定（同盟でもいゝ）は、神様の作る脚本としてはこれ以上のものはないといつも思つてゐた」（櫻井忠温）や「日本外交の近来に無き大出来」（石川準十郎）のような絶賛調が前半に押し出され、「日本はどうして斯《かか》る狂暴なるものを其《その》盟友と択《えら》んだのか、吾々には理解が出来ぬ」（植原悦二郎）、「ファッショ・ブロックから得る利益が少なくて、これから失ふところは甚大です」（清沢洌）など反対論は後回しにされている。さらに言えば、前半に登場する経済評論家・小島精一の次の感想は、はたして賛成論と読むべきかどうか。

外交的打算からみて、果《はた》して成功なりや否やは疑問なるも、わが国民の非常時性自覚を促し、以《もっ》て積極的大陸政策遂行に重要な拍車をかける効果は認められる。

この特集号には「葉書回答」以外にも、池崎忠孝「我が外交に対する不平」のように、ロンドン海軍軍縮会議までの対英米「協調外交」を厳しく批判して、日独接近の「自主外交」を待望する論説も掲載されている。

このたび締結された日独防共協定のごときも、在来の左顧右眄《さこうべん》的な態度を捨て、自国の立場をはっきりさせた上に、我が国の自主外交が辿るべき道を、堂々と世界各国の前に明示したことは、たしかに賞讃していいことだ。

池崎忠孝は漱石門下から赤木桁平の筆名で文壇に登場したが、『米国怖るゝに足らず』から『日米戰はゞ』まで、軍事評論家として対米強硬論と南進論を主張するベストセラーを連発していた。それ以上に重要なことは、池崎が政界入りを目指して新聞記者となった「メディア議員」だということだ。池崎は『萬朝報《よろずちょうほう》』記者、『大阪時事新報』顧問を経て、1936年の第19回総選挙に大阪第3区から無所属で立候補しトップ当選を果たしている。こうしたメディア（新聞・通信社・出版社・放送局）での経歴をもつ衆議院議員当選者は、1937年の第20回総選挙で全体の3分の1を超えて34・1％に達していた。彼らの多くはなんらかの価値や理念を目指す「政治の論理」よりも、読者数あるいは影響力の最大化をはかる「メディアの論理」で動く政治家だった。それゆえ、公的意見（輿論）の指導よりも大衆感情（世論）の反映が重視される「政治のメディア化」の推進者でもあった（佐藤・河崎編『近代日本のメディア議員』参照）。もっとも、防共協定に関する右の論説については、その後に起こる世論の親ドイツ化を先取りしていたと言えなくもない。実際、池崎議員が絶叫した「対英米協調外交の打破」が多くの有権者の世論を先導したものであったことは、敗戦で辞職するまで池崎が上位当選を重ねたことからも明らかだろう。

1938年「ヒトラーユーゲント来日」というメディア・イベント

池崎議員は、1937年6月24日の第一次近衛文麿《このえふみまろ》内閣成立に伴い文部参与官に就任した。その約2週間後から始まる日中戦争を機に開始される国民精神総動員運動のなかで、日本の世論を「ドイツびいき」に変えたメディア・イベントこそ「ヒトラーユーゲント来日」である。このイベント企画のため日独青少年団交歓会が荒木貞夫文相を会長として文部省社会教育局内に設置された。池崎参与官も小橋一太《こばしいちた》東京市長や阿南惟幾《あなみこれちか》陸軍省人事局長などとともに同会参与に列している。

ヒトラーユーゲントは1922年に創設されたナチ党の青年組織が原型だが、1936年に青少年（10~18歳）の加入が義務化され第三帝国の公教育システムに組み込まれていた。防共協定締結により日独文化交流事業として青少年の相互派遣が企画され、1938年8月から11月にかけて30名のヒトラーユーゲント代表団は日本各地を巡歴して熱烈な歓迎を受けた。同じ期間に大日本連合青年団・大日本少年団連盟などから同数の青年が選抜されドイツに派遣されている。

ヒトラーユーゲントは1938年8月16日に横浜港に上陸するが、その1カ月前から新聞ではヒトラーユーゲント紹介の連載が組まれ、来日途上のシンガポールや上海からも特電記事が掲載された。到着の前日、8月15日付『東京朝日新聞』社説「ヒトラー青年を迎ふ」は、このメディア・イベントの基本精神をよく示している。

民族共同心と祖国愛とを基調に、この信念と目標をもつて純誠無私に、肉体的、精神的、道徳的訓練に邁進《まいしん》する青少年の典型的一団を迎へて、親しくその言動に接することが、わが国の青少年運動、青少年社会教育上にも、貴重なる実物教訓たるべきを疑はないと同時に、真に若人らしき闊達明朗《かったつめいろう》なる親善交誼を通じ、日独防共の誓ひのとこしへに益《ます》々《ます》鞏固《きょうこ》なるを信ずるのである。

歓迎のために、二つの国民歌が用意された。土井晩翠作詞、東京音楽学校作曲「ヒットラーユーゲント歓迎の歌」と、北原白秋作詞、高階哲夫作曲「万歳ヒットラーユーゲント」である。後者は歌唱・藤原義江《よしえ》で日本ビクターから発売されている。一番のみ引用しておこう。

燦《さん》たり輝く　ハーケン・クロイツ　ようこそ遥々《はるばる》　西なる盟友
いざ今見《まみ》えん朝日に迎えて　我等ぞ東亜の　青年日本
万歳ヒットラー・ユーゲント　万歳ナチス

ヒトラーユーゲントは宮城遥拝、明治神宮・靖国神社参拝から始めて、山中湖畔キャンプと富士登山、11月12日に神戸港から出航するまで北は北海道、南は鹿児島まで全国各地をまわった。その動静はまるで人気アイドルグループのコンサート巡業のように写真入りで連日詳細に報道された。実際にアイドルグループとしても活動したと言えなくもない。来日後に団歌を吹き込んだ『我等の旗は陣頭に翻る』『団旗の下に』がキングレコードから緊急発売されている。その訪問先や停車駅には鉤十字のナチ党旗や日の丸を手にした群衆が大挙して押し寄せた。その熱狂がこのイベントを企画した文部省の予想をはるかに超えていたことは、「主なる通過駅以外での歓送迎はなるべく中止すること」「個人的な贈物など遠慮せよ」などの通達が出されたことでも確認できる。

ヒトラーユーゲントが映る魅力的な映像として、1934年ナチ党全国大会を記録したレニ・リーフェンシュタール監督『意志の勝利』（1935年）が今日もドキュメンタリー番組などで使用されている。しかし、その日本公開は太平洋戦争開始後の1942年3月であり、多くの日本人が「ヒトラーユーゲントを見た」のは、この来日時のニュース映画だったはずである。その意味では、日本国民にとって最初に接した「美的ファシズム」はヒトラーユーゲント代表団だった。当時の新聞報道ではヒトラーユーゲント団員の「六尺近い」身体と「凜々《りり》しい」制服姿にスポットが当てられていた。ドイツ側がフォトジェニックを強く意識していたことは、持参した制服のヴァリエーションからもうかがえる。彼らが巻き起こしたドイツ人気がどれほど鮮烈な印象を残したか、作家・澁澤《しぶさわ》龍彦はこう回想している。

小学生のころ、日本にやってきたヒットラー・ユーゲントの真似をして、それぞれ両手を大きく横に振り、膝を曲げずに足を棒のように伸ばして、行進曲に合わせて運動場を歩きまわったりしたものである

（澁澤龍彦「ナチスをめぐる相反感情」）

澁澤より14歳年長の政治学者・丸山眞男は、ヒトラーユーゲント来日時すでに東京帝大法学部助手となっていたが、その団歌を「メロディにつられて歌詞も冒頭のところは覚え

ている」と回想している（丸山眞男「映画とわたくし」）。

ヒトラーユーゲントが日本各地を巡歴していた9月、ヒトラーはチェコスロバキアにズデーテン割譲を要求し、欧州全土は一触即発の戦争危機が続いていた。政治面・国際面でもヒトラーの動静が連日報じられたが、9月30日のミュンヘン協定調印はドイツの外交的勝利を日本国民に強く印象づけた。ヒトラーユーゲントが帰途について2週間後、1938年11月25日、「文化的協力ニ関スル日本国独逸国間協定」が締結された。ここに軍事同盟に先立つ「文化の枢軸」が成立した。ただし、1938年に日独親善を演出したメディア・イベントが1940年の三国軍事同盟調印へと一直線につながったわけではない。

そもそもヒトラーユーゲントの通訳を担当した外務省調査部の報告書にさえ、「ナチスハ人間カラ人間ラシキモノ、言ヒカヘレバゼーレ〔Seele、精神、魂〕ヲ奪ツテシマウ」「〔ドイツでは〕青少年の批判的精神が完全に窒息している」と、第三帝国における人間の機械化を批判する文章が残されていた（清水『文化の枢軸』）。こうした外務官僚を含む知識層には、全体主義的文化統制への警戒感がなお強かったことは確かである。

しかし、日中戦争終結の展望が見出せないなか、精神的・文化的な防共協定を軍事的・政治的な同盟へと強化することで局面を打開しようとする世論は急速に高まっていた。防共協定締結には世論を背に反対した『讀賣新聞』も、いまや協定強化に大きく舵を切っていた。1938年2月から同紙夕刊に「一日一題」の連載を続けていた池崎忠孝はこう述べている。

防共協定の強化を要望する声が、今や民間における一種の輿論となつてゐるのを見ても、現在の我が国が執るべき道は、おのづから理解されるではないか。（中略）巧遅は拙速に如《し》かず。吾人《ごじん》は已《すで》に左顧右眄すべき時機を過ぎてゐる。今や我が国に対するアメリカの態度が明瞭になり、英国も依然として敵性を包蔵してゐるものと見られるし、ソ聯また明白に吾人の朋友たらざることを示してゐる。

（1939年8月13日付「防共協定強化」）

この記事から10日後、1939年8月23日、ちょうどソ満国境のノモンハンで日本軍とソ連軍が激闘している最中、ヒトラーはスターリンと独ソ不可侵条約を締結した。『東京朝日新聞』は8月26日付社説でドイツの「目的の為に手段を撰《えら》ばざる外交非常手段」を批判し、日本政府の枢軸強化「白紙還元」を支持している。ヒトラーの権謀術数主義《マキャベリズム》に日本の大衆世論がどう反応したかを断じるのは難しいが、平沼騏一郎《ひらぬまきいちろう》内閣は「欧洲の天地は複雑怪奇」という名セリフを残して8月28日総辞職している。ドイツ軍のポーランド侵攻、つまり第二次世界大戦勃発はその4日後の9月1日である。

1940年日独伊三国同盟の世論

大戦勃発を伝えるベルリン特電に『大阪朝日新聞』1939年9月2日夕刊は「欧州の盧溝橋《ろこうきょう》?」の見出しを付けた。日中戦争は勃発から3年が経過し、パーマネントや学生の長髪が禁止されるなど国民は銃後の生活でもさまざまな不自由に直面していた。この状況下でドイツ軍の電撃戦ニュースを読者はどのように読んでいたのだろうか。

まず、知識人の意見分布を見ておこう。『日本評論』1939年10月号が論壇人52名に向けて行った緊急ハガキ調査「どちらが勝つか」では、最終的なドイツ勝利を予想・希望したものは少なかった。「結局は英国側が勝つことと思ふ」(大宅壮一《おおやそういち》)、「間口の戦争では独が勝つでしようが、奥行の戦争になれば英に強味がある」(末川博)、「長期になれば英に、短期なれば独に有利なるべしとは蓋《けだ》し一般の常識」(石橋湛山《たんざん》)、「英仏側に勝味がありはせぬか」(天野貞祐《ていゆう》)、「どつちが勝つても困るが、併《しか》し正直な所はドイツが負けてほしい」（杉村楚人冠《そじんかん》）、「結局現に持てる国の英国が勝を制するに間違ひはないでせう」（太田宇之介）。その後の展開を知る後世の目で見れば、「バトルには独が勝つてウオアには英が勝つと見るべきだらう」（中外商業新聞編集局長・小汀利得《おばまとしえ》）、「一ヶ年以内に解決せば、ドイツに有利であらう。それ以上の歳月を要せば、英仏側有利となるべきではないか」（中日実業副総裁・高木陸郎《りくろう》）などエコノミストの見立てが正確である。

「英独何《いず》れが勝つか分らない」（斎藤隆夫）、「見当がつきません」（阿部次郎）、「英独に戦争は起りをらず、又大戦に拡大せず」（亀井貫一郎）など勝敗を明言しない回答もあるが、はっきりとドイツの勝利に期待した回答は以下の5名に限られる。

「独」（東京日日新聞社総務局次長・西野入愛一《にしのいりあいいち》）、「独逸が勝つ。但しポーランドを取り、ソ聯から物資がつけば、そして伊太利が起《た》てば」（元陸軍省新聞班長・櫻井忠温）、「結局外交的に独逸が有利に納《おさめ》るのではないか」（講道館審査員・石黒敬七）、「少しでもドイツの有利優勢なるべきことを私情として望む」（評論家・木村毅）、「世界政局に於《お》ける日本の立場としては独逸に勝たせねばならぬ」（元東京日日新聞ベルリン特派員・圓地與四松《えんちよしまつ》）。

このアンケート調査から半年後、ドイツはデンマーク、ノルウェー、ベネルクス三国、フランスを次々と攻略し、1940年6月にはダンケルクの戦いで連合軍を大陸から追い落としていた。このとき「バスに乗り遅れるな」のスローガンが大衆世論を捉えたとしても不思議ではない。本章冒頭で引用した中島健蔵『昭和時代』では、日独伊三国同盟が成立した1940年9月27日の大衆世論がこう描かれている。

第二次世界大戦がはじまっている最中にこのような同盟を結ぶことは、日本としては窮した結果ではないかなどという疑いは、まったく大衆の中には起らずに、ドイツの見かけ上の勝利に拍手をおくるばかりとなっていた。この空気は、けっして暗いものとは感じられていなかった。そして、それは、ようするに、学者や芸術家までこめて、日本の大衆がそういう雰囲気を無邪気に支えていたからにほかならない。

無作為抽出の科学的世論調査とは異なるが、計量的世論調査も戦前から試みられていた。1940年3月、防共親善協会（日独伊親善協会から改称）は全国師範学校附属小学校、東京市など76小学校、42の中等学校に対して、「欧州戦争は英独の何《いず》れに勝たせたきか」を児童生徒に問う調査を依頼した。内務省警保局は「本回答の具体的発表は時局並国際関係上好ましからず」とし、実数を伏せた比率「独逸側八割、英仏側一割、中立一割」のみが同盟通信社から各紙に配信された（内務省警保局編『昭和十五年中に於ける外事警察概況』）。むろん、調査主体のバイアスもあるし、そもそも児童生徒が判断材料となる外交知識をどれほど持ち合わせていたかも疑問である。しかし、そこから一般家庭内の空気を読むことはできるだろう。

また、『経済マガジン』1940年7月号が発表した読者5万人の国民世論調査「大戦に介入か・不介入か」でも、「軍事に外交に積極的行動」を求めるものが65・6％に達している。一方、『現地報告（別冊文藝春秋）』同月号は「輿論調査　介入か不介入か」で知識人9名（「不介入」6名）と一般人29名（「介入」20名）の異なる反応を掲載している（岩村正史『戦前日本人の対ドイツ意識』）。ただし、これを知識人の輿論と大衆の世論にギャップがあった証拠と見なすことには慎重であるべきだろう。

同じ1940年7月に全国大学教授連盟輿論研究会が東京帝国大学・早稲田大学以下都下10大学の父兄、4万5666人（有効回答1万1789）へ次の調査を実施している。大学進学率1％弱の当時、子弟を大学に進学させることができたのは「財産と教養」のある家庭が多かった。だとすれば、これは平均的な大衆というより知識階級への輿論調査と見なすべきだろう。

今次の欧州戦争に於て貴下は英独何れの側の勝利を望む。

その回答は「ドイツ」9697名（82・3％）、「イギリス」344名（2・9％）、「その他」1748名（14・8％）である。ドイツ勝利を希望する父兄が圧倒的に多かった。すでにドイツがオランダ本国を占領しているため、次のような問いも用意されていた。

日本は蘭領東印度の資源確保のため米国がこれを妨ぐる場合日米戦争を辞せざるや。

オランダの植民地インドネシアの石油資源の確保も日本が三国同盟に踏み切った理由の一つである。この調査の2カ月後の三国同盟締結を予想した者は少なかったためだろうか、無回答が3割を超えている。だが、日米戦争の回避論者は1334名（11・3％）であり、「米国怖る、に足らず」とする断行論者が6428名（54・5％）で圧倒していた（小松雄道『乱世の一燈』）。この調査結果から、ドイツの欧州戦争勝利を願った人々の多くが対米戦争を支持したと見るのは妥当だろう。知識人家庭の空気も親独反米に流れていたとすれば、一般大衆の世論はさらに過熱していた可能性が高い。

1943年　池崎忠孝「独逸は不敗なり」

1941年12月8日の対米英開戦の決断にも、こうした「ドイツ勝利」を期待する世論が作用していた。皮肉なことに、日本の開戦はドイツ軍のモスクワ攻略が失敗したのと時を同じくしていた。客観的に見れば、それ以降はドイツ勝利の可能性はなくなっていた。それでも、新聞には「ヒトラー不敗」神話の論説が掲載され続けた。

戦時下に自由主義を貫いたジャーナリスト・清沢洌は「今回の低級なる論調の横行。日本人はついにこの程度の国民であろうか」と、1943年9月9日の日記に書きつけている（清沢洌『暗黒日記1』）。清沢が具体的に批判したのは、その前日と当日に上下で連載された『讀賣報知新聞』第一面の池崎忠孝「独逸は不敗なり」である。すでに同年2月にスターリングラードでドイツ第六軍が降伏し、同5月にはアッツ島の日本軍守備隊が玉砕し、同7月に連合国がシシリー島に上陸していた。そして、まさしくこの9月8日にイタリアは無条件降伏し、三国軍事同盟の一角は崩れていた。戦局は日本とドイツに決定的に不利となっていた。池崎論説には「局部戦重視の全体観は誤謬《ごびゅう》」の見出しが付けられている。

その綜合戦力として観るべきものは、第一が軍力であり、第二が軍需品生産力であり、第三が食糧自給力であり、第四がその戦争の犠牲と恐怖とに堪へ得る国民の精神力である。

池崎はこの四つのいずれでもドイツがソ連に対して優位だと主張している。第二、第三でドイツを優位とする理由に、ウクライナの穀倉地帯と「ドンバス以西の大工業地帯」をドイツが掌握していることを挙げている。だが、ドイツ軍のウクライナ支配もすでに揺らいでいた。池崎は翌9日の連載後半で「称讃すべき〝長期戦〟」をこう予想している。

以上の理由によつて、欧州戦争を単にドイツ対ソ聯の戦争として考へると、ドイツに七分の勝味があり、決してソ聯の地位を楽観するわけにゆかない。（中略）イタリー全土を喪失した後と雖《いえど》も、ドイツの戦略的地位は、意外に鞏固なものがあるからである。（中略）私は心からドイツ軍の深謀遠慮を讃へざるをえない。（中略）ソ連脱落後における米英の地位に至つては、もはや多くを論ずる必要はないであらう。

しかし、池崎もこの「ドイツ不敗」論説を次のように歯切れの悪い表現で結ばざるを得なかった。

昨年のスターリングラードが、ドイツ軍のセダン〔フランス第二帝政の崩壊をもたらした普仏戦争の決戦場〕とならなかつたと同様、ヒトラー不敗の信念が、今尚《なお》迷信として一笑に付すべき時期に到達してゐないといふことは、現在の米英に対し、果たして如何《いか》なる意義を有つてゐるであらうか。

1943年9月の段階で「ヒトラー不敗の信念」を疑わない言説を、「低級なる論調」と一笑に付すことは容易である。しかし、ドイツとヒトラーに傾斜していった大衆世論を体現した「メディア議員」池崎忠孝の軍事評論が、戦時下の日本では清沢の「高級なる論調」よりも影響力を持った事実までも一笑に付して終わらせることはできないのである。

〔参考文献〕

黒田礼二『独裁王ヒットラァ』（新潮社、１９３６年）
中島健蔵『昭和時代』（岩波新書、１９５７年）
小松雄道『乱世の一燈』（実業之世界社、１９６７年）
澁澤龍彥「ナチスをめぐる相反感情」『スクリーンの夢魔』（河出文庫、１９８８年）
丸山眞男「映画とわたくし」『丸山眞男集』第11巻（岩波書店、１９９６年）
佐藤卓己「ヒトラー・ユーゲントの来日イベント」（津金澤聡廣・有山輝雄編『戦時期日本のメディア・イベント』世界思想社、１９９８年）
中道寿一『君はヒトラー・ユーゲントを見たか？』（南窓社、１９９９年）
清沢洌『暗黒日記１』（ちくま学芸文庫、２００２年）
岩村正史『戦前日本人の対ドイツ意識』（慶應義塾大学出版会、２００５年）
清水雅大『文化の枢軸』（九州大学出版会、２０１８年）
佐藤卓己・河崎吉紀編『近代日本のメディア議員』（創元社、２０１８年）

第12章　近衛新体制と大政翼賛会

村井良太

大政翼賛会を知っていますか

１９４０年に発足した大政翼賛会は、現在でも「大政翼賛会的だ」「このままでは大政翼賛会になってしまう」といった批判の言葉として時折耳にし、新聞紙面を飾る。意味するところは無批判な総与党体制であったり、健全な批判や議会の死であったりする。またコロナ・パンデミックが起こると、危機下で社会の自発的協力を促す姿からも想起された。近衛《このえ》新体制運動が産み出した大政翼賛会は、戦時の抑圧体制と個人生活への介入を象徴する組織として、戦中「昭和史」を代表する存在の一つであり、ドイツ、イタリアとともに「ファシズム体制」の一つであったというかつての語りとも関わっている。

日中戦争の解決が見通せないなか、国民のなかで希有な人気を博していた若き貴族政治家、近衛文麿《ふみまろ》を擁して国民再組織の要として発足したのが大政翼賛会であった。敗戦後の極東国際軍事裁判（東京裁判）では、初代総裁の近衛が戦犯出頭命令を受けて自殺、二代総裁の東条英機《とうじょうひでき》はA級戦犯で死刑となった。しかし彼らは首相としての活動が罪に問われたもので、大政翼賛会での活動を原因とするA級戦犯被告は28名中1人もいなかった。

戦時下の虚像と実像が入り交じるなか、その後の実証研究の進展で、従前のおどろおどろしい大政翼賛会イメージは実は修正されて久しい。第一に、一党独裁体制からは程遠く、発足に際してすでに目的が入り乱れる寄り合い所帯であったこと、第二に、それすらもさらに指導性を失う方向で人事上の変更や改組が続いたこと、そして第三に、翼賛選挙でも結局勝てる候補を立てなければならず、体制の新しさには乏しかったことである。大政翼賛会が一翼を担った戦時体制（総力戦体制）についても、戦後の民主主義の時代との多くの連続性が指摘されている。

ここでは大衆・世論に注目し、すでに明らかになっていることを整理するとともに、二つの新たな視点から再考する。第一に、1920年代に「憲政常道」と呼ばれた政党内閣制との関わりである。「昭和史」は大正とシームレスにつながっている。第二に、戦前の婦人参政権獲得運動家で戦後は長く参議院議員を務めた市川房枝《ふさえ》を通して女性の目線を採り上げる。彼女は戦時の活動によって占領下で公職追放を受けた。選挙権がなく徴兵対象外であっても女性は大衆の半数を占め、世論の担い手でもあった。

第一次世界大戦後の政治新体制の成立と崩壊

最初に確認すべきこととして、第一に、１９４０年の新体制は政治新体制に止《とど》まらず、経済新体制や官界新体制、新生活体制など、複合的で総合的な改革像であった。本章は国民再組織に焦点をあてるが、注目する側面によって評価は変わってくる。第二に、近衛のブレーンであった昭和研究会の新体制建設要綱が「自由主義経済を地盤とし対立的利益を代表する既成の議会諸政党」の解体と「全体的協同的原理」の上に国民生活の一新を求めたように、改革の基本思想は個人主義に基づく自由主義や多元主義の否定であり、共産主義にも学ぼうとするコーポラティズム（協同主義）思想があった。そして第三に、シヴェルブシュが明らかにしたように、協同主義的な新体制を希求する改革の時代は、ドイツやイタリアなどのファシズム国家に限らず、ソ連のような共産主義国家やルーズベルト大統領のアメリカにも共通する、世界での同時多発的な出来事であった。

近衛新体制運動は、端的にいえば１９３７年に始まった日中戦争の長期化に対応する戦時体制強化の試みであったが、それだけではなく、政治新体制というからには克服すべき政治旧体制があった。直接的には第一次世界大戦後まで遡る。帝国日本を含む連合国の勝利は「民主主義の勝利」と位置づけられた。日本でも初の本格的政党内閣といわれる原《はら》敬《たかし》内閣が誕生しており、米国と協調して戦後国際体制の一翼を担った。このときの政党内閣は2代で途絶えたが、関東大震災後の1924年には「政党内閣制の確立」を掲げる第二次憲政擁護運動が起こった。それは明治以来の元老による首相選定を政党間での政権交代に置き換える動きであり、国民大衆の支持を得ていた。総選挙で「護憲三派」(憲政会・政友会・革新倶楽部)が多数を占めたことで、元老西園寺《さいおんじ》公望《きんもち》は第一党総裁の加藤高明を指名せざるを得なかった。それは世論の圧力の故であった。

中断後に再登場した政党内閣は改革を加速させた。第一に、25歳以上の成年男子が納税条件なく投票する男子普通選挙制が導入された。第二に、政党間での政権交代が社会や西園寺ら首相選定者のなかでも当然視されるようになり(政党内閣制の成立)、1932年まで政党内閣が連続する。さらに1927年の民政党誕生で政友会との二大政党制となった。1928年、1930年、1932年に実施された総選挙では、投票率がいずれも80%を超えるなか、二大政党の得票合計は全体の約86%、90%、93%と圧倒的かつ拡大傾向にあった。二大政党は少なくとも男性有権者全般から高い支持を得ていたのであり、政党が自らの総裁を選ぶ自律性も高まっていた。

そして第三に、選挙権を持たない女性のなかでは、婦人参政権（国政参加）、婦人公民権（地方参政）、婦人結社権（政党加入）の実現に向けた運動が盛んになっており、久布白《くぶしろ》落実《おちみ》から市川房枝が引き継いだ婦選獲得同盟は、他の婦人団体とも連携し、二大政党間の競争を利用することで、1931年春には政府提出の婦人公民権案が衆議院を通過するところまで漕ぎ着けていた（貴族院で否決）。

帝国議会の開設は1890年、山県有朋《やまがたありとも》のような国家主義者は時に政党を敵視したが、次第に体制の自由主義化が進んできていた。政党内閣制の実現は国民の参加によって国政の総合を図るものであり、元老亡き後の要請、大衆社会化が進むなかでの必然でもあった。改革はまだ入口で、遠からず実現する婦人参政権は政党内閣制の基盤を強化するはずであったし、独立性の高い貴族院や枢密院や軍を政党内閣によって統合する政党中心政治に向かいつつあった。政党内閣と軍の関わりでは陸海軍ともに進んだ軍縮が顕著な例であり、国民を背景とする政党に押し切られた陸海軍は国民への宣伝に力を入れることになる。

政党内閣制の成立は同時に遅れてきた改革でもあった。ヨーロッパでは第一次世界大戦を阻止できなかった自由主義議会への批判が高まっていた。何より工業化が進むなかで社会主義思想が盛んとなり、ロシア革命は日本にも影響した。そして、社会主義の伸張は国家主義も刺激した。そのなかで起こったのが1929年の世界大恐慌であり、1931年に陸軍出先が起こした満州事変であった。前者は資本主義の終焉を確信させ、後者は穏健な戦後外交への暴力的な異議申し立てであった。そして1932年には首相が軍人に暗殺される五・一五事件が起こり、政党内閣の連続は途絶えた。

五・一五事件の後、政党内閣は第二次世界大戦後まで誕生しない。しかしそれは結果論であって、1936年までの4年間は政党内閣制の中断期であり、復活を前提とする動きを、阻止する動きが追いかけていた。その間、非常時暫定政権下で満州国を承認、塘沽《タンクー》停戦協定で事変は終わったが、政治的混乱は続いていた。二大政党批判には金権腐敗や議会の混乱など様々あったが、吉野作造《よしのさくぞう》は、中国問題の解決を焦点として、政友会と民政党が国民の支持を背景に軍縮を含む国際協調的で穏健な対外政策を基調とする限り、陸海軍は政党内閣を認めないと分析した。

政党は人の集団であるから中身は様々であり、金権主義が入り込む余地も多い。事実、スキャンダルも相次いだ。しかし、政党の腐敗も官僚の腐敗も基本的には変わらない。旧体制批判の多くは事大主義や派閥主義など社会自体の問題の反映か、過半数の議席を持つ政党でも一部分にすぎないとか、国体明徴運動のように日本的でないといった、紋切り型で抽象的な批判であった。しかし満州事変が日本側の自作自演とは教えられない世論は、五・一五事件被告減刑運動に見られるように大きく変化していた。政党は批判し放題だが、軍への批判は取り締まりの対象である。

市川は、無産政党の成長に期待しつつも二大政党を使って婦選獲得運動を進めてきた。協力関係にあった婦人団体は自由主義団体、社会主義団体、キリスト教団体などであったが、満州事変は婦選への流れを止めるとともに婦人運動の勢力図を一変させた。国防婦人会、愛国婦人会、大日本連合婦人会の発足や活性化である。陸軍省、内務省、文部省の監督による半官半民の組織で、男性の指導による女性運動という矛盾と保守性を市川は憂えた。市川は選挙粛正運動に参加しながら政党内閣の復活を願い、1936年2月の総選挙では無産政党の伸張とともに常道への復帰に希望を抱いた。しかし、直後の二・二六事件という再びの暴力で、政党内閣制は当面復元の見通しを失った。

近衛新体制運動の始動と中国

1936年の二・二六事件の後、1927年に成立した政党内閣制は崩壊し、陸海軍が戦々恐々とした軍部大臣文官制導入への見通しが失われたばかりか、1913年の第一次憲政擁護運動後に削除された「現役」の文字が粛軍を理由に復活し、軍部大臣現役武官制に戻った。時計の針は戻ってもそこに今を解決する依るべき政治体制があったわけではない。新たな政治秩序の建設はこれからの課題であった。権力から排除された政党が次第に内訌《ないこう》を深め、日本政治が漂流するなかで、広く期待を集めたのが、近衛文麿だった。

近衛は第一次世界大戦後に「英米本位の平和主義を排す」論文を発表しながらも長く西園寺の薫陶を受け、貴族院のなかで政党内閣制に適応した第二院を主張していたが、危機の時代に立場を異にしていく。西園寺は近衛を首相指名したが、近衛は大命を拝辞した。それは平常の回復を期待する西園寺との相違からであった。近衛は革新の必要を感じており、満州事変後の帝国日本の膨張も当然の運命と考えていた。

憲法運用上の慣行であった政党内閣制は倒せても、憲法を停止しない限り予算と法律は議会を通さなければならない。新たに成立した広田《ひろた》弘毅《こうき》内閣は陸軍と衆議院の対立で崩壊した。次の陸軍出身の林銑十郎《せんじゅうろう》内閣はなんとか予算を通した後で懲罰的に衆議院を解散したが、議会勢力に大きな変化はなく、逆に政権が倒れた。政府の解散権が政局打開につながらないことは19世紀末に経験済みであり、だからこそ政党内閣制が発展してきたのであった。

近衛は再び首相に求められ、引き受けた。45歳という若さもあり、人気は高かった。こうして1937年6月4日に成立した近衛内閣の使命は国内で続く相克摩擦の緩和にあった。近衛は立憲民政党を去った風見章《かざみあきら》を内閣書記官長に抜擢《ばってき》した。風見は1936年8月から約半年間の中国旅行で、在留日本人の憂慮と中国大衆の熱狂を目にしていた。中国大衆は勝利を確信する対日戦争を求めてすらおり、ソ連と中国の「下層階級」とが結びついているように見えた。風見は軍事衝突を避けるための新中国政策と、基盤となる政治新体制のために、所属する国民同盟に解消を説いていた。

ところが、内閣発足後まもない7月7日に盧溝橋《ろこうきょう》事件が起こり、早期解決にも失敗することで事実上の日中全面戦争に突入した。宣戦布告はなかったが、事実上の戦時に応じて戦時体制を整えなければならない。近衛は後に自らの内閣を「超然内閣」と自嘲したが、盧溝橋事件では政党指導者など貴衆両院議員や言論界、財界関係者を官邸に招いて派兵を説いた。特定の基盤を持たない内閣は個別に社会の支持を調達しなければならない。10月には国民精神総動員中央連盟を組織して国民精神総動員運動を開始、多くの団体を巻き込みつつ日本精神の発揚や国債の応募などを訴えた。軍事面でも11月に大本営が設置された。

1938年3月には国家総動員法が成立した。社会大衆党は積極的に支持したが、政友会、民政党からはドイツの授権法に比して批判する者もあり、審議は難航した。国家主義団体が政友会と民政党の本部を襲って政党解消を訴える事件も起こった。農相の有馬頼寧《ありまよりやす》によれば、このとき政党出身以外の閣僚を集めて、近衛が解散総選挙をしても同じ結果になる恐れがあると新党を作って選挙に臨むことが議論されたが、法案通過の目途が立つとなくなったという。

しかし、一つ議会を乗り越えても翌冬には再び議会がある。そこで秋には再び新党が議論された。近衛首相は9月下旬、木戸幸一厚相、塩野季彦《しおのすえひこ》法相、末次信正《すえつぐのぶまさ》内相に新党の検討を命じた。風見から見れば彼らに新党を論じさせるセンスの悪さは際立っていた。社会大衆党を中心に政友会と民政党内からも変革を求める動きがあった。しかし政権への熱意を失った近衛は土壇場で新党結成を中止し、1939年1月4日に総辞職した。次の首相には枢密院議長の平沼騏一郎《ひらぬまきいちろう》がつき、近衛は代わって枢密院議長となった。

平沼内閣は日独伊三国同盟を議論しているうちに独ソ不可侵条約が締結されて退陣。次に成立した陸軍出身の阿部信行内閣は政党の内閣不信任運動に解散で応えようとしたが、1940年1月14日、陸相から辞任勧告を受けて総辞職した。次に海軍出身の米内光政《よないみつまさ》内閣が成立したが、2月2日に民政党代議士の斎藤隆夫が「反軍演説」を行うと衆議院内に大きな波紋を広げ、斎藤は議員除名された。そして除名に賛成した議員が一切の政党政派の解体と強力な新政治体制の確立を求めて聖戦貫徹議員連盟を組織した。

市川は、満州事変で婦選獲得運動が急停止するなか、女性の政治行政への参画を実地に進める機会が増えていた。東京婦人愛市協会など東京市での活動や母子保護運動を進め、国民精神総動員運動では非常時国民生活様式改善委員会委員に任命された。婦選獲得同盟は婦人問題研究所を併置しており、昭和研究会からの依頼で女子教育の改革案をまとめてもいる。市川は日中戦争の長期化を受けて自らの持ち場につく決意をするが、大きく変化した世論との戦いともなると自覚していた。それはアメリカ社会で世論に反しても産児制限運動を進めたマーガレット・サンガーの心境であった。

市川は1940年2月から1カ月半ほど中国占領地を視察した。市川は満州事変以来、中国との戦争に反対で、軍に批判的であったが、日中戦争に日本が負けるとまでは考えていなかったようである。しかし、東京YWCAのエマ・カフマンから「私は中国が勝つと思う」と聞かされ、信頼できる中国通の記者、竹中繁と現地を訪れると「時局の重大さを痛感して帰国した」。それは「泥沼に踏みこんでゆくような、救いのない戦い」であった。市川はもともと女子の労働環境に深い関心があり、破滅的な戦争が女性にもたらす困難を憂慮した。

近衛新体制と大政翼賛会の成立——批判と改組

近衛は6月24日に枢密院議長を辞め、新体制運動に乗り出した。昭和研究会の政治機構改新大綱では、「世界一般の趨勢《すうせい》において、現代国家はいわゆる大衆国家であり、かつ総力戦的な国防国家なのであって、それは当然に19世紀的な自由主義国家乃至《ないし》立憲国家とは、ことなった政治機構を要請する」と述べている。危機が創り出されてしまった時点で見れば防空演習一つとっても協同主義が必要であるが、政党内閣制では対応できなかったのだろうか。総力戦体制への取り組みは英米も同様で、日本でも1927年に国家総動員準備機関である資源局が設置されている。

近衛が新党運動に乗り出すと、7月6日、社会大衆党が先陣を切って解党した。ついで

16日に政友会久原《くはら》派が解党した。この動きは米内内閣の閣内対立も昂進させ、陸相の辞任、内閣の総辞職に至った。近衛はしばらく在野で運動を育てていくつもりであったので躊躇《ちゅうちょ》したが、22日、第二次内閣が成立した。風見は法相として入閣したが、国民に戦争の実情を知らせないことで世論の混乱を感じ、「真に国民を基礎としたる堅固なる政治体制」が必要であると考えた。内閣成立後も政党の解散は続き、26日に国民同盟、30日に政友会中島派、8月15日にはついに民政党が解党し、無政党時代となった。

これは政界のなかだけの嵐ではなかった。8月26日、市川の婦選獲得同盟も16年の歴史に幕を下ろして解散を決めた。それは婦人再組織を牽引するために会内の異論を抑えて市川が断行したもののようである。市川は新聞婦人欄で、「新政治体制に即応する新国民組織」で婦人が論じられていないことを批判し、隣組主婦常会を足場とする婦人団体への一元化を求めた。また新体制は「万民輔翼《ばんみんほよく》」の精神から政事結社となることはなく、「新政治体制から婦人を除外するといふ考へ方は旧体制」とも記した。政事結社であれば治安警察法によって軍人、警察官、宗教家、教員・学生などとともに婦人は加入できない。

9月27日、大政翼賛会が閣議決定されたこの日、日独伊三国同盟が結ばれた。近衛の誕生日10月12日に大政翼賛会の発会式が行われた。初代総裁が近衛首相、事務総長は有馬、中央協力会議議長が末次内相であった。近衛は宣言と綱領を発表せず「大政翼賛の臣道実践」と述べただけであったので一部に失望を与えたが、その前段では国内の新体制と東亜新秩序の確立、進んでは世界新秩序の建設を訴え、「古き自由放任の姿を捨てて新しき国家奉仕の態勢を整えん」と述べている。西園寺は14日、「やはり尊氏が勝ったね」と述べ、翌月亡くなった。西園寺にとって明治維新とは武家政権からの天皇親政の回復と国際主義の確立であったが、いずれも失われていた。

大政翼賛会の内実は「呉越同舟《ごえつどうしゅう》」の寄り合い所帯であった。推進力としては、第一に、権力を目指す社会大衆党、復権を図る政友会の久原派や中島派、民政党非主流派による一大新党結成運動である。それは時勢に沿うことで復権を目指す既成政党の運動であった。第二に、組閣時の陸軍からの要望であった強力内閣実現のため、武藤章《あきら》陸軍軍務局長を中心に総力戦を戦い抜くための親軍的な一国一党の追求であった。必ずしも優先度は高くなかったようだが、一国一党像の背景には満州国統治での実験があった。そして第三に、近衛やブレーンの政治学者矢部貞治《やべていじ》など側近者の思惑で、これまでの政党の復権や親軍的一国一党論を国民再組織によって牽制し、両者をも統制下に置こうとする新体制論であった。

政府と議会、文官と武官、国務と統帥、陸軍と海軍の調和によって総合的で合理的な国策の選択と遂行が求められ、何より大衆社会に対応すべきなかで、対立する勢力を一つにまとめ指導力を発揮したのであれば意義がある。しかしそうではなかった。民政党主流派まで解党し、政党がなくなってしまったことは難しい問題を引き起こした。風見は新党を強化するには敵党があった方がよいと考え、全勢力が包摂される形で新党が結成された場合には結党後の「清党工作」の困難を予想していた。

同時にこのことで大政翼賛会違憲論、「幕府的存在」批判が盛んになった。首相が一つの団体の総裁を常に務めることになれば幕府的であるという批判である。近衛は、新体制は社会主義者によるという「赤」批判以上に、「幕府」批判をことさら気にした。近衛は通常議会前の12月に内閣を改造し、新体制運動を推進した風見を閣外に出し、否定的な平沼を内相とした。1941年1月28日、議会での審議が難航するなか、平沼内相は大政翼賛会が公事結社であって政事結社ではないと答弁した。これで大政翼賛会に軍すらも抑えるような政治力はますます期待できなくなった。この議会では議員任期から解散が予想され、新党構想と戸主に選挙権を制限する選挙法改正で乗り切ろうとしたが、結局選挙法の改正は行われず、任期の1年延長となった。そして閉会直後の4月に改組され、有馬事務総長は退任、議員を所属させた議会局も廃止された。次の議会を見越して9月2日には翼賛議員同盟が結成され、批判議員は同交会を結成した。他にも興亜議員連盟が組織されるなど一国一党は議会内でも崩れた。

新体制運動は政党／議会による国民統合を否定する。そこで「上意下達《じょういかたつ》」「下情上通《かじょうじょうつう》」のための国民組織の再編成を模索した。大政翼賛会には中央協力会議が設置されたが、154名中女性は1名であった。1944年9月までの全7回で12名にまで広がったが、市川は選ばれなかった。また公事結社化したことについて市川は、かえって婦人の参加に制約がなくなったとして婦人部の設置を強く訴えた。

1941年5月に大政翼賛会が調査委員を設けると159名中女性は6名で、市川も選ばれた。二つの委員会に属した市川であったが、一つの委員会では、翼賛運動の推進員に女性を含めるべきこと、パーマをかけた女性が殴られたり海水浴場で海に放り込まれたりするような事件があったが、運動のなかでは実力行使を厳にしないよう求めた。虎の威を借る自発的な正義行使で「一番被害を受けるのは婦人」だからである。市川は選挙粛正運動にも活用された町内会や、1940年9月に設置された隣組を評価した。隣組や町内会では定例の常会が開かれ、「主婦」も正式な参加者だったからである。市川は大蔵省貯蓄奨励婦人講師も委嘱された。

大政翼賛会は改組によって発展的に解消したはずの国民精神総動員運動に戻ったといわれた。近衛新体制、大政翼賛会の取り組みは窮乏戦争への耐久性を高めるという軍事目的と一致しているが、誰もが同じ服を着たり貧しい弁当を食べたりするなど平等化の側面があった。それと同時に男子普選の成立や世界大恐慌下の困難のなかでの公民化や生活近代化への取り組みでもあり、生活改善運動や理想選挙運動として第二次世界大戦後にも続けられていく。

宣戦布告と東条新体制の帰結

近衛は日中戦争の解決もできず日米戦争が迫るなかで首相を辞め、1941年10月18日に東条英機内閣が誕生した。開戦か避戦かという切迫した国策再検討に大政翼賛会が関与した跡はない。東条は現役の陸軍大将として首相、陸相、内相を兼任し、後に参謀総長に及ぶ。12月8日の真珠湾攻撃とマレー半島上陸で対米英戦争が始まり、正式に宣戦布告すると翌1月に大日本翼賛壮年団が発足、2月には高度国防国家体制に即応する単一婦人団体として大日本婦人会が発足した。大日本婦人会は発足当初の6省共管から大政翼賛会を通じて内閣の下に置かれた。

初期の戦勝の波に乗って1年延期された総選挙が1942年4月に実施された。政府とは別に阿部信行元首相が会長を務める翼賛政治体制協議会が組織され、定員いっぱいの466人の推薦候補を立てた。「翼賛選挙」と呼ばれる。翼賛壮年団も活動したが、推薦候補の当選は381人に止まった。戦時下の権威主義体制にしては寂しい結果である。さらに推薦議員でも新人は213人に止まり、当選者の過半数を旧政党勢力が占めていた。

総選挙後、東条内閣が翼賛政治会以外の政党を認めない姿勢を取ったため、5月20日に非推薦議員も含めて翼賛政治会が組織され、推薦団体の会長であった阿部が総裁となった。今度こそ一国一党の実現だろうか。元首相で前民政党総裁の若槻礼次郎《わかつきれいじろう》は、東条が傀儡《かいらい》政権である中華民国臨時政府で親日を強制するために作った新民会と「同じ手で日本国民を取り扱い、言論行動の自由を束縛する挙に出た」と憤慨した。

その議会で東条内閣批判が広がるのは皮肉である。1943年になるとイタリア国民の不満を受けてムッソリーニをバドリオが倒したような事態が心配されるようになる。東条内閣はサイパン島陥落後に倒れ、1944年7月に陸軍出身の小磯国昭《こいそくにあき》内閣が成立した。小磯首相の演説を聞いた大阪人にはその神がかりな内容に「ああ、これはあかん」との反応が見られたと風見は書き残している。議会後の1945年3月30日には翼賛政治会が解散し、大日本政治会が組織されたが、無所属や護国同志会などさらなる分裂が起きた。

大政翼賛会の総裁は小磯から4月の政変で鈴木貫太郎《かんたろう》に引き継がれていったが、5月8日、国民義勇隊の創設に伴い、大政翼賛会、翼賛壮年団、大政翼賛会所属団体の解散が閣議了解された。このときの引き継ぎ資料から活動内容をいくつか拾ってみると、部落会町内会の指導、常会徹底事項の作成と周知、民情省察、地方文化団体、報道宣伝網と報道宣伝資料、芸能の派遣、自給製塩運動、貯蓄奨励運動など活動は様々である。「世相人心等輿論調査」を行う「民情省察」では、会についても投書や新聞調査を分析して批判や希望、意見を集めていた。

敗戦を経て、8月21日には国民義勇隊解散が決定された。市川は占領軍がまだ進駐してもいない25日に新婦人組織結成に向けて焼け跡の東京を回りはじめた。政治新体制が大上段に論じられる際には、最優先の克服対象として1920年代の政党内閣制が指弾される。しかし、二大政党制下で女性参政権問題は進展しており、政党内閣制の喪失が大衆社会化に対応する新たな国民統合の芽を摘んだのであった。また大政翼賛会が政事結社ではないと位置づけられたことは革新派から見て挫折であっても、女性を含めたあるべき国民再組織という市川の視点からは再生の機会ですらあった。

こうして大政翼賛会を現代の教訓とするのであれば、歴史研究を通じて常にステレオタイプを修正する努力が求められる。側近の富田健治によれば、近衛は対米戦争となった後、「やはり西園寺公は偉かったと思いますね、終始一貫、自由主義者であり、政党論者であった。僕は大政翼賛会なんて、わけの分からぬものを作ったけれど、やはり政党がよかったんだ。欠点はあるにしてもこれを存置して是正するより他なかったのですね」と述べたという。

大衆社会化していた日本の戦時体制は、軍事最優先という軍国ではあっても軍が国政全般に責任を負うという意味での軍事政権ではなかった。大衆を背景に強い指導者や党が軍すらも支配下に納めるファシズム体制でもスターリン体制でもなかった。もちろん政党内閣制を倒したために民主制でもなかった。かえって多元主義に悩まされる19世紀的憲法体制を糊塗《こと》しながら自ら招いた現代の戦争を戦ったのであった。

〔参考文献〕
有馬頼寧『政界道中記』（日本出版協同、1951年）
今井清一・伊藤隆編『現代史資料（44）国家総動員（2）政治』（みすず書房、1974年）

若槻礼次郎『明治・大正・昭和政界秘史』（講談社学術文庫、1983年）
赤木須留喜『近衛新体制と大政翼賛会』（岩波書店、1984年）
赤沢史朗・北河賢三・由井正臣編『資料日本現代史12　大政翼賛会』（大月書店、1984年）
バーガー、ゴードン・M.（坂野潤治訳）『大政翼賛会』（山川出版社、2000年）
古川隆久『戦時議会』（吉川弘文館、2001年）
筒井清忠『近衛文麿』（岩波現代文庫、2009年）
村井良太『政党内閣制の展開と崩壊　一九二七〜三六年』（有斐閣、2014年）
シヴェルブシュ、W.（小野清美・原田一美訳）『三つの新体制』（名古屋大学出版会、2015年）
伊藤隆『大政翼賛会への道』（講談社学術文庫、2015年）
源川真希『総力戦のなかの日本政治』（吉川弘文館、2017年）
筒井清忠『戦前日本のポピュリズム』（中公新書、2018年）
北河賢三・望月雅士・鬼嶋淳編『風見章日記・関係資料1936−1947（新装版）』（みすず書房、2019年）
高杉洋平『昭和陸軍と政治』（吉川弘文館、2020年）
村井良太『市川房枝』（ミネルヴァ書房、2021年）

第13章　日中戦争をめぐる反英米論の展開

玉井　清

近代日本における英米関係の変容

1941（昭和16）年12月8日、日本軍の真珠湾攻撃を契機に、日本と英米の戦争が勃発する。「大東亜戦争」と称されることになる太平洋戦争である。開戦とともに香港、マニラ、シンガポールと、日本軍は英米が支配してきた地域を陥落させ、国内は戦勝の歓喜に沸くことになる。このように緒戦こそ快進撃を見せた日本軍ではあったが、開戦半年余の42年6月のミッドウェー海戦を転機として米軍の反攻が始まる。43年初めには、ソロモン諸島のガダルカナル島からの撤退が公になるが、それは太平洋上で快進撃を続けていたはずの日本軍の後退を予兆させる出来事であった。日本国内の動揺を抑えるため、「撤退」を「転進」と言い換え報じられたことは有名であるが、後退の事実を糊塗《こと》するため、英米の残虐性がことさら強調され宣伝されることにもなる。3月の陸軍記念日を期して展開された「撃ちてし止まむ」の運動はその典型であり、同運動の下では「鬼畜米英」という人種偏見を帯びた標語が高唱された（玉井清「日米戦争下の敵愾心《てきがいしん》昂揚についての一考察」）。

このように英米との戦争下、敵への憎悪は国民に向け吹聴されることになるが、近代日本の歴史を俯瞰《ふかん》するとき、こうした反感は根深いものとは言い難かった。明治の開国以降の日本の近代化は、西洋化の歩みでもあったため、西欧列強の一員たる英米は模範、憧憬の対象でさえあった。英米の思想や文化は、明治、大正、昭和と時代を経るに従い国民各層に浸透し、政治、社会、経済、文化、芸術など、あらゆる分野に影響を及ぼすことになる。明治期に締結された日英同盟は日本外交の基軸となり、大正期に勃発した第一次世界大戦では同同盟を根拠に連合国として参戦し、日本はパリ講和会議には勝者として参加する。その後、四カ国同盟締結により日英同盟は破棄されるものの、大正期中葉から昭和初頭にかけて（1920〜30年）の日本外交は、英米協調を基軸に展開された。

しかし、こうした親英米の風潮に水を差す内外の出来事に日本が直面したことも事実であった。パリ講和会議に参加した日本は人種差別撤廃案を提案するものの西欧列強の反対にあって否決された。民族自決の理想を掲げる米国において「排日移民法」（24年）が成立する。それに前後してワシントン軍縮会議（21年）、ロンドン軍縮会議（30年）では不平等な条約を強いられたとの不満が生まれた。国内では、昭和初頭の金融恐慌により、英米の経済システムの象徴とされた資本主義は、不況による失業や格差を生む制度として批判され、ロシア革命を実現させた社会主義、共産主義への共鳴がそれを助長した。デモクラシーを象徴し理想に見えた政党政治は、二大政党による政権交代を実現させたものの、党利党略に走る政治抗争や、繰り返される疑獄事件に象徴される政治腐敗は、政党政治の醜態を露呈することになる。

その反動として生じたのが、軍部の反乱と呼べる五・一五事件（32年）や二・二六事件（36年）であった。従前の政治は、日本に停滞と閉塞をもたらす旧態依然の体制であり、その担い手は「現状維持派」と揶揄《やゆ》され、その打破と克服を目指す「革新派」と目された軍部や官僚、国家主義勢力が脚光を浴びるようになる。これらの出来事は、明治以降の西洋化の行き詰まりとも捉えられ、その中核を担っていた英米の思想や制度への信頼を損ない揺るがすことになる。

対外関係では、1931（昭和6）年に満州事変が勃発し、事変をめぐる英国リットン卿率いる調査団の報告、米国スティムソン国務長官の不承認宣言は、アジアの部外者である英米による干渉と認識された。続く37年の「支那事変」と称された日中戦争は、英米協調を基軸にしてきた日本外交を根底から揺さぶり、日本は英米との戦争に導かれることになるが、国内の反英米感情が一気呵成《いっきかせい》に高揚し、真珠湾攻撃へと突き進んだわけではなかった。そもそも満州事変や日中戦争が、英米との戦争に導くと考えられていたわけではなかった。これら事変への英米の関与を干渉と捉え苛立つ日本ではあったが、アジアから両国の完全排斥を考えていたわけではなく、協調は継続できると考えられていた。日中戦争を遂行しながら、戦闘が大陸における英米の権益を侵すことに日本軍が神経を尖らせ、その回避に腐心していたことはその証左であった。国内の言論統制では、大陸における英米の経済的利権排除の必要を説く議論は認められていたが、英米との開戦を主張することなどは禁止され、必要以上に国内に反英米論が高揚することには抑制がかけられていた。

　このように日中戦争から真珠湾攻撃に至るなかで醸成されていく反英米感情には紆余曲《うよきょく》折《せっ》があり、敵として戦うことになるので一括りに捉えがちである英米各々に対する感情にも微妙な差異があるため、その内実を解き明かすには重層的な考察が必要である。以上の問題意識に立ち、日中戦争から真珠湾攻撃に至るまでの日本の対英米感情の変遷を辿ってみたい。

天津租界封鎖事件をめぐる反英論の高揚

1937(昭和12)年7月、北京近郊の盧溝橋《ろこうきょう》において日中両軍が軍事衝突し日中戦争の火蓋が切られることになる。翌8月、戦火は上海に飛び、年末の12月、日本軍は蔣介石《しょうかいせき》国民政府が首府を置いていた南京を、翌38年5月には、長江(揚子江)以北で国民政府軍が集結していた徐州を、各々陥落させる。さらに、日本軍は、南京を捨て敗走する蔣介石政権を長江沿いに追い、同年10月には、長江と漢江が合流する物流要衝の地である武漢三鎮を占領する。このように事変勃発1年余のなか、日本は大陸要衝の地を陥落させ、国内はその度に歓喜に沸くことになる。しかし、日本軍の戦闘地域は大陸の奥地を含む全土に拡散し、戦争は終結の見通しが立たない泥沼に陥ることになる。

このような進展を見せる日中戦争であったが、日本軍が戦う相手は蔣介石率いる国民政府であり英米ではなかった。それでも戦争勃発当初、この戦争に関与し蔣介石を支援する国として想定され警戒されていたのは、大陸に深い権益を有するソ連と英国であった。このうち、ソ連の主関心は、「万里の長城」の北に位置し、国境を接する満蒙地域にあった。日中戦争が上海に飛び火し、日本軍の重心が南に移行すること自体、歓迎されこそすれ神経を尖らせる必要はなかった。ソ連とは対照的に、日中戦争が華北で、さらに上海をはじめ南に拡大することに無関心ではいられなかったのは、同地域に権益を有する英国であった。大陸のナショナリズムに対峙することにおいて日英両国は協調することができた反面、日本軍の戦域拡大は英国の権益を侵し摩擦や衝突を生む危険を大きく孕《はら》むことになる。

日中戦争下の大陸において日英間の摩擦が発生し、日本国内に反英感情が掻き立てられた出来事の典型として、1939（昭和14）年に起こった天津《てんしん》租界封鎖事件に注目してみたい。同事件の概要は次の通りである。同年6月、親日的な程錫庚《ていしゃくこう》を暗殺した容疑者が天津の租界に逃げ込んだため、その引き渡しを英国側に要求したもののそれが拒否されたため、日本軍は天津租界を封鎖した。現地天津において解決のための日英交渉が行われたものの妥結には至らず、7月に交渉の場は東京に移されることになる。この東京における日英会談の前後を通じ、日本国内で反英運動が巻き起こり、反英感情が掻き立てられたのである。外交交渉の経緯を、陸軍をはじめとする政府筋が意図的に流し、それを新聞が書き立てることにより反英気運が高められていった。仮に新聞が反英大会の記事を一行も載せなければ、反英運動は雲散霧消したであろうと評されたように、新聞は扇情的な報道を通じて反英気運を盛り上げることになる。以下、その報道の内実を紹介してみたい（玉井清

「日中戦争下の反英論」)。

日英会談が開催される前から新聞は、「不動の方針」で臨めと訴えていた。「老獪《ろうかい》英国」のように英国に「老獪」の文言をあえて付すことも定番になる。卓越した外交評論を展開した清沢洌《きよさわきよし》が嘆くように、こうした無用ともいえる形容や強硬論は、新聞の論説に止《とど》まらず、事実を伝える報道記事、その見出しやリード文のなかでも多用され、交渉当事者に外交の柔軟性を失わせる気運が醸成されていく。

新聞は、日本各地で開催される反英大会を積極的に報じ、大会開催の一覧を掲載するための大きな常設欄まで設けることになる。会談が開催される東京の主要紙の『東京朝日新聞(以下、東朝)』は、かかる欄の見出しに「全国に沸騰する反英運動」の文字を黒地白抜きで大書していた。『東朝』と競合していた『東京日日新聞(以下、東日)』は、毎回見出しの文言を変え、例えば「排英怒濤逆巻く・国民の義憤更に爆発」のように、『東朝』以上に扇情的な文言を見出しに躍らせていた。日英の東京会談が開始される前日には推定8万人が参加する反英大会が開催されたが、『東朝』は「〃打倒英国〃の烽火・反英市民大会の盛況」、『東日』は「『英打倒』の旗印」の見出しを打ち、いずれも写真入りで、その熱狂と興奮を伝えていた。それ以外にも、天津から発せられた反英気運の「弾丸」が東京に命中することを期す、「興亜確立・英の敵性抹殺」など、新聞は、日英会談を、仇討ち、果たし合い、戦争の場であるかのように喧嘩腰の威嚇的文言を用いていると揶揄されるほど扇情的な報道を展開したのである。

『報知新聞』主催の反英講演会

日英会談の舞台となる東京の主要紙の部数として他を圧していたのは、『東朝』と『東日』の2紙であったが、反英論を煽《あお》ることにおいて英国大使館も注目し警戒するほど、顕著な動きを見せたのは『報知新聞（以下、報知）』であった。明治創刊の同紙は、大正期には、民政党の前身である憲政会系の東京の有力新聞としての地位を築いていたが、昭和に入ると部数を減らし衰退傾向にあった。『東朝』と『東日』が100万部を超える部数を誇っていたのに比し、『報知』は25万部に止まっていた。この『報知』は新聞紙面だけでなく、自社主催の講演会を種々開催することを通じて反英論を扇動し、反英講演会所収の冊子まで発刊していた。その表紙には「英国を追放す」との刺激的な題名が大書され、「序」では、老獪英国の欺瞞《ぎまん》外交を黙認するわけにはいかぬ、ここに『報知新聞』は、敢然「英国爆撃」の火蓋を切り「爆撃講演会」を開催したと、既述のように戦争を想起させるような勇ましい文言を書き連ねていた。

本冊子には、『報知』主催の反英講演会に登壇した6名の演説が所収されていたが、戦後に保守政治家として著名になる三木武吉《ぶきち》が社長として開会の挨拶をした以外に、永井柳太郎、中野正剛《せいごう》の名を見ることができる。三木、永井、中野の三名は、大正期に憲政会より政界に進出し、昭和初頭には後身の民政党の政治家として活躍する。三木は疑獄事件に関与したことで政界の一線を退いていたが、永井は民政党、中野は民政党から分派した国民同盟を経て東方会を主宰する代議士として活躍していた。永井と中野は、いずれも雄弁家として名を轟《とどろ》かせる人気の政治家で、反英親独を主唱していた。それ以外には、小久保喜七、亀井貫一郎、松本徳明《とくめい》の演説が所収されていたが、小久保は、自由民権運動出身の政友会系の古参の政治家で、天津租界封鎖事件に対する政友会の党内世論をまとめる責任者になっていた。亀井は、外交官から政界に転身、無産政党（社会主義政党）右派の社会民衆党を経て社会大衆党の代議士としてナチスドイツに傾倒しながら反英を標榜し、松本はボン大学に留学した経歴からドイツ通として、親独派の評論家としてメディアに露出していた。

ここで同時代に巻き起こった反英論の内実を、彼らの演説を参考に概観しておきたい。

まず、英国のためにアジア諸民族は土地を侵略され、富源は壟断《ろうだん》され、労力は搾取されたと説かれたように、アジアの侵略者、略奪者、抑圧者としての英国像が強調された。英国のアジア侵略を象徴する歴史上の出来事として、度々取り上げられたのが「阿片戦争」である。阿片を売りつける英国の不正義は、事件後に清国《しんこく》に結ばせた不平等な南京条約とともに糾弾された。この条約により、反日策源地になり問題となっている「租界」が置かれることになったとも解説された。

また、敵を二分しお互いを戦わせる英国の老獪な外交は、日中が戦うように仕向け、その罠に嵌《はま》った蔣介石はアジアを裏切り英国の傀儡《かいらい》になったとする。蔣介石を操る英国像の強調である。この時期は、通貨を通じた大陸支配の視点から蔣介石政権の発行する「法幣」に注目が集まっていたが、英国による「法幣」支援のための借款《しゃっかん》供与や、ビルマ（現ミャンマー）からの「援蔣ルート」の構築とそれを通じた支援が論難された。

上海にユニオンジャックを翻《ひるがえ》す英国は、大陸南方一帯の経済開発を通じて巨万の富を築き、揚子江沿岸の敵基地に居座り権益確保に執心している。英国は、日本海軍を抑えるため香港、シンガポールの要塞を拡大強化しているとも解説された。アジアにおける日本の躍進を妨害する英国像の強調であった。

反英論高揚の背景について

右に紹介したような反英論が、天津租界封鎖事件をめぐり国内に巻き起こることになるが、その背景として次の3点を指摘しておきたい。

第一は、日中戦争勃発後2年を経ていたが、戦争終息の見通しが立たないことへの不安と苛立ちが国民の間にあったことである。日清戦争は1年未満で、日露戦争は1年半で、満州事変は、終結をどこに置くかによるが、仮に満州国建国とするなら半年、休戦のための塘沽《タンクー》協定なら2年未満で終結している。長期化する戦争は、兵士の犠牲者を増大させてもいた。戦死者は、日清戦争で1万4000人、日露戦争で8万5000人、満州事変で6000人を数えたが、日中戦争勃発から日米開戦までに18万5000人を数えることになる。しかも、開戦2年半の1939年末までに12万6000人の戦死者を見て、日露戦争の戦死者をはるかに超える数になっていた。

第二に、第一次世界大戦の戦勝国となり、日本国内に大国意識が醸成強化されていたことにも留意すべきであろう。パリ講和会議に参加した日本は、戦勝国として「B·ig 5」(日米英仏伊)に、さらには「B·ig 3」(日英米)の大国になったとの認識である。先進国を意味する「一等国」の仲間入りを果たしたとの確信を深めるとともに、大国となったことへの自負心が国民の意識のなかに芽生えることになる（玉井清研究会『パリ講話会議と日本のマスメディア』）。他方、蔣介石国民政府は北伐を断行したものの、未だ統一を欠く不安定な政権であり、近代国家の体をなさぬ弱小国家と見なされていた。日中戦争は、一等国の大国日本が弱小国に挑んだ戦いとの暗黙の認識があり、その驕《おご》りから戦争は日本の早期勝利で決着することが想定され、期待されてもいた。しかし、開戦2年を経て、期間も犠牲者の数も陸軍大国を相手に戦った日露戦争を超え、終結の見込みが立たない状況にあった。

ここにおいて大国日本が、弱小国家に勝利を収めることができない理由を説明する必要に迫られていくことになるが、英国による支援が、その論拠として強調されていく。

第三に、英国大使館が『報知』の背後にドイツの工作を疑ったように、反英論と親独論は表裏一体の関係にあった。反英の国民世論を煽ることにより日独伊三国同盟締結が目指されていたのである。当時の平沼騏一郎《ひらぬまきいちろう》内閣は、その発足当初より三国同盟を目指し五相会議を重ねるものの、英米と対立することへの懸念から実現を見ていなかった。反英運動が高揚するなか、英米協調を重視し独伊提携に反対する勢力は「親英論者」「恐英病者」

などと糾弾された。政権内で三国同盟に反対していた海相の米内光政《よないみつまさ》や次官の山本五十六《いそろく》は暗殺の対象にさえなっていた。中野正剛は、主敵であるはずの英国に気兼ねして三国同盟の決断をできずにいる外務省を「腰抜け」と論難しながら、平沼内閣が、掛け声だけの排英熱の扇動に終始し三国同盟を決断できぬなら放逐すべしとまで訴えていた。

　このように反英論が高唱される延長線上には、日独伊三国同盟締結が期待されていた。前出の冊子に掲載された永井柳太郎の写真の背後に、日本国旗とドイツナチス党のシンボルである鉤十字の旗が掲げられていたのは、それを象徴していた。中野は、英国を上回る軍事力を背景に、外交により欧州を席捲《せっけん》しているナチスヒットラーの勢いを、亀井貫一郎は、第一次世界大戦での敗戦国から躍進するドイツの歴史を解説しつつ、69連勝の偉業を達成した横綱双葉山に準《なぞら》えながら、ドイツは双差《もろざ》しで英国を土俵際まで追い詰めていると解説していた。

　第一次世界大戦後に形成された国際秩序は「旧秩序」と称され、東亜の「旧秩序」を反映している九カ国条約や軍縮条約の破棄を望むなら、世界の「旧秩序」を打破し「新秩序」を形成する必要があるが、欧州において、それを目指しているドイツ、イタリアとの提携は必然と考えられたのである。

反米論の抑制と親米論の助長

これまで天津租界封鎖事件を契機に高揚した反英論を紹介してきたが、英国と米国に対する見方や感情には微妙な差異が見られた。前出の冊子に掲載された演説を中心にそのことを確認してみたい。

演説のなかで米国に比較的言及していた松本徳明は、英米は一体不可分の関係にあり、米国は敵でないと考える者がいるがそれは幻想であると戒め、米国への警戒を促していた。この松本の発言は、米国を敵とは捉えていない国内の気運をうかがわせていて興味深い。

中野は、米国の中立法に関連し、日本が「事変」と言って「戦争」と言わないのは、「戦争」になると米国からの武器援助が同法に抵触し受けられなくなるためだが、米国から日本への援助はすでに停止しているので、そうした気兼ねは無用と訴えていた。永井は、英国が「法幣」を支える対支借款を実施するに際し、米国をそそのかして巻き込もうとしていると解説していた。このように米国への言及は、行われてはいたが多くはなく、敵としての位置付けは、英国の後景にあり、副次的、あるいは受動的存在に止まっていた。

このように日中戦争に際して、敵としての意識の薄かった米国については、その関係が損なわれぬための配慮がなされることになる。1937（昭和12）年12月、日本海軍機が揚子江上にいた米国砲艦パネイ号を爆撃し死傷者が出る事件が発生したが、日本政府は、相当早い段階で外交ルートを通じた全面謝罪を行い、事件が大事になる前に収拾した。大陸における戦闘をめぐり、米国に被害が及び日米関係が毀損《きそん》することに神経質になっている、日本政府の姿勢を象徴的に示していた。

こうした対応を通じても明らかなように、日本政府は反英論に連動して反米論が高揚することを嫌い、それを抑制しようともしていた。それは、米国による唐突ともいえた日米通商航海条約の破棄通告をめぐる新聞報道からもうかがえた。先の天津租界封鎖事件をめぐる日英交渉では、英国側が譲歩を示し妥結への期待が見える瞬間があった。しかし、米国は、その妥結に楔《くさび》を打ち込むかのように日米通商航海条約の破棄通告をしてきたのである。これ以降、日英交渉は停滞し妥結に至ることはなかった。反英論が高揚するなかでの一方的ともいえる通告であったので、これに連動して反米論が高揚してもおかしくない場面であった。しかし、新聞は、破棄通告の事実を淡々と伝えることに終始し反米論が巻き起こることはなかった。この新聞報道に、反米論の高揚を嫌う政府の意向が反映されていたことは明らかであった。このように日本政府は、日中戦争勃発当初より反米論の抑制に努めていたが、以下、紹介するように抑制どころか親米論を助長する姿勢さえ示していた。

天津租界封鎖事件に先立つ3カ月前の1939（昭和14）年4月、米海軍巡洋艦のアストリア号は、米国において客死した元駐米大使の斎藤博の遺骨を日本まで葬送した。現役の外交官でないにもかかわらず、軍艦により葬送することは外交のプロトコルからはずれた異例の扱いであった。日本はこれを好機と捉え、米国側が困惑するような対応を見せることになる。新聞は、米国を出航して以降のアストリア号を追いかけることになるが、内閣情報部が発刊していた『写真週報』は、日本到着後の米海兵一行の動向を追う特集記事を掲載することになる（玉井清編著『「写真週報」とその時代（下）』）。

表紙には、日本海軍の儀仗隊《ぎじょうたい》がアストリア号を迎える写真とともに、特集の題目として「アストリアの結ぶ日米親善」の文字が躍っていた。本文では、見開き6頁の特集を組んでいたが、そこでは、幕末以来の日米友好の歴史が紹介された。初代駐日代表のタウンゼンド・ハリスは西洋文明の導入に尽力した親日外交官として、セオドア・ルーズベルトは日露戦争の講和に尽力した大統領として紹介された。「サンフランシスコ」と「関東」の大震災に際しては、両国がお互いに支援し合ったことを、あるいは、今回のアストリア号とは逆に、日本で客死した駐日米大使を日本海軍巡洋艦「多摩」が葬送した事例があることも解説していた。さらに、随行した兵士たちを歓待した様子の写真を掲載するため見開き2頁の誌面を割いていた。一行が、浅草のレビューを鑑賞し、仲見世、宮城前《きゅうじょうまえ》、銀座の夜店、靖国神社を訪れ、東京市主催の深川清澄庭園での午餐会に参加したことが、さらに春爛漫《らんまん》の桜に唇を寄せる米水兵の笑顔のアップまでが、写真を通じて伝えられた。

このアストリア号については、同種の写真週刊誌『アサヒグラフ』も特集記事を組んでいたが、カメラは横浜到着から本願寺まで遺骨が葬送される場面やそれに随伴する遺族の様子を追っていた。葬送の目的外ともいえる兵士の観光については週刊ニュース欄で紹介されるだけであった。『写真週報』は政府内の内閣情報部が、『アサヒグラフ』は民間の朝日新聞社が発刊するメディアである。両者の報道の差異からは、政府側が日米親善の空気を国内に意図的に醸成しようとしていたことがわかる。巡洋艦による葬送という異例の対応は、客死した元大使である斎藤に対する米国側の深い敬意より生まれたものであった。それだけに、弔意を示す目的から逸脱している日本側の歓待ぶりは米国側を困惑させ、これを受けることを逡巡させてもいた。

このように日本国内に親米気運を盛り上げようとする政府の意向は、翌5月の『写真週報』が、ニューヨーク万国博覧会の特集を組んでいたことからも、より一層明らかになる。

特集題目「聖火太平洋を渡る」と太字で記された表紙には、万博に日本から聖火を米国会場まで運ぶための使者として選ばれた若い女性が、花柄の振袖を着て花柄模様の和傘をさす姿が掲載されていた。万博期間中の日本デーには日本館に出雲大社の御神火《ごじんか》を灯す企画が立てられたが、その聖火を灯す容器が併せて掲載されていた。この御神火は「日米親善の焔《ほのお》」と表現され、米国への出発に先立ち、日比谷公園では東京市主催の御神火点火式が開催された。壇上に日米両国の国旗が掲げられ、駐日の米大使であるグルーが挨拶した式の様子が見開き2頁の大きな写真で紹介されることになる。日中戦争勃発当初より、日本政府は国内に反米論が高揚することを懸念し抑制するどころか、むしろ日米親善を助長させしていたのである。

反米論の抑制解除から真珠湾攻撃へ

日独伊三国同盟を目指した平沼内閣は独ソ不可侵条約締結を前にして、欧州情勢は複雑怪奇との言葉を残し総辞職する。阿部信行内閣を経て1940（昭和15）年1月、親英米派と目され、既述したように暗殺対象にさえなっていた米内が政権を担うことになるが、この内閣は、発足早々「浅間丸事件」に襲われることになる。英国海軍が東京湾外で日本の客船「浅間丸」を敵国軍人が乗船していることを理由に臨検して、ドイツ人を拉致したのである。英国は海賊の子孫である本性を露呈したと論難され、天津事件以来沈静化していた反英論が再び巻き起こることになる。東京湾の玄関口で起こった屈辱的出来事として、独ソ不可侵条約、失効する日米通商航海条約とともに、三大国辱日と形容され批判された（玉井清研究会『浅間丸事件と日本のマスメディア』）。日米通商航海条約の失効を控え、破棄通告に際し抑えられていた米国批判も表出するようになる。

同事件をめぐる英国批判は、親英米派と目された米内を首班とする政権打倒を目的とし、国内の気運をドイツとの提携へと促す意図も内包されていた。国辱記念日の一つに挙げられていたように独ソ不可侵条約は、日本国内の親独気運に冷水を浴びせることになったが、すでに勃発していた第二次世界大戦の欧州におけるドイツの快進撃は、国内に再び親独熱を高揚させ（岩村正史『戦前日本人の対ドイツ意識』）、米内内閣の後を継いだ第二次近衛文《このえふみ》麿《まろ》内閣は、1940年9月、日独伊三国同盟を締結することになる。

日本政府は、三国同盟の締結に際し、それが英米との対立を意味することや、英米開戦が必然になったと解説することを封じたものの、そうした抑制はすでに解かれつつあった。先に紹介した『写真週報』誌上での表現を概観すると、日中戦争に際し蔣介石政権を陰で支援する国に言及する際、名指しを避け「第三国」と婉曲表現を用いることが多かったが、それに「敵性」が加わり「敵性第三国」「敵性国家」となり、40年に入ると、「敵」として英国だけでなく米国も名指しで批判される機会が増えていく。

日独伊三国同盟締結の直前に行われた北部フランス領インドシナへの進駐（北部仏印進駐）、翌41年7月には南部フランス領インドシナへの進駐（南部仏印進駐）が実行されるが、これに反発した米国は、同月、英国、オランダ領東インドとともに日本資産を凍結し、続く8月には対日石油輸出の全面禁止をし、米国が主導する対日制裁は強化されることになる。こうした対日経済圧迫への反発は、「ＡＢＣＤ包囲線」「ＡＢＣＤライン」などと形容され、英米は日本を包囲し圧力をかける「敵」としての姿を日本国民の前に明確に浮かび上がらせていくことになる。

１９４１（昭和16）年10月、東条英樹《とうじょうひでき》内閣が誕生し戦争回避に向けた日米交渉は続けられるが、日米開戦直前に発刊された『写真週報』は、東条の議会演説について、日本を対象とした戦争準備や経済圧迫に蠢動《しゅんどう》する「敵性国家」はこれを排除すること、「英米敵性諸国」を過去の迷夢《めいむ》から醒ますために努力しているのが日米交渉と解説していた。日米開戦直後の次号の表紙には「一億、今ぞ　敵は米英だ！」の文字が躍ることになる（玉井清編著『「写真週報」とその時代（下）』）。冒頭に紹介したように緒戦こそ快進撃を見せた日本軍は、半年も経たぬうちに米軍の反攻を受け劣勢に立たされ戦況を挽回することができぬまま、1945年の敗戦を迎えることになる。

〔参考文献〕

『英国を追放す』（発行・報知新聞社、販売・昭和書房、1939年7月）

玉井清「日中戦争下の反英論」（『法学研究』、2000年1月）

慶應義塾大学法学部政治学科玉井清研究会『パリ講話会議と日本のマスメディア』（同研究会、2004年11月）

岩村正史『戦前日本人の対ドイツ意識』（慶應義塾大学出版会、2005年）

慶應義塾大学法学部政治学科玉井清研究会『浅間丸事件と日本のマスメディア』（同研究会、2007年11月）

玉井清編著『「写真週報」とその時代（下）』（慶應義塾大学出版会、2017年）

玉井清「日米戦争下の敵愾心昂揚についての一考察」（『法学研究』、2019年1月）

第14章　日米交渉と開戦

牧野邦昭

狭義と広義の「日米交渉」

1940年9月に日独伊三国軍事同盟が成立し、また同時期に「援蔣《えんしょう》ルート」を遮断するための北部フランス領インドシナ（仏印）への進駐（北部仏印進駐）が行われたことにより日本とイギリス、アメリカの関係が悪化し、アメリカは10月16日に屑鉄の対日禁輸を決定した。日米関係が悪化するなか、1940年12月からカトリックのウォルシュ、ドラウト両神父と産業組合中央金庫理事の井川忠雄とによる日米国交調整の努力が開始され、1941年春からは岩畔豪雄《いわくろひでお》陸軍大佐も加わり、ルーズベルト政権のハル国務長官と野村吉三郎駐米大使・井川・岩畔らとの間で日米諒解案が作成される。その後も太平洋戦争開戦までは野村大使を通じて日本側とアメリカ側との間で断続的に交渉が行われる。狭義の日米交渉はこうした公式または非公式の太平洋開戦前の日米外交交渉を指し、外交文書を用いた詳細な研究がこれまで行われてきている。

ただし、ここで取り上げる「日米交渉」はそれだけに限定しない。戦争は外交の一部であると言われるが、日本側はアメリカと交渉しながら日中戦争を戦っており、また南部フランス領インドシナに進駐していた。こうした日本の行動は当然のことながらアメリカの交渉態度に影響を与える。また日本側あるいはアメリカ側の要人の発言は新聞によって報道され、それが相手国の要人に伝わり、要人はそうした情報も踏まえて相手側との交渉を行う。こうした広義の交渉では、実際に交渉している外交官の提案と本国の行動や要人の発言内容が異なれば不信感が抱かれることになり、交渉が妥結しにくくなる。そのため、本章では当時の日本の行動や新聞紙面を紹介して、どのように広義の「日米交渉」が行われたのかを検討したい。

独ソ戦開始による変化

すでに述べたように1940年12月から日米国交調整が開始され、近衛文麿《このえふみまろ》首相や陸軍省の武藤章《あきら》軍務局長はこれを推進した。岩畔豪雄大佐はこれに協力するため米国出張を命じられ、1941年3月に渡米したが、その際に新庄健吉主計大佐が同行した。野村吉三郎駐米大使および井川忠雄、岩畔は4月に日米諒解案（日独伊三国同盟の事実上の空文化、アメリカによる日中戦争仲介、日米通商航海条約の復活など）をまとめて日本に送り、武藤軍務局長を中心として陸軍は賛成したが、日ソ中立条約を結んで帰国した松岡洋右《ようすけ》外相はこうした動きをまったく知らされていなかったこともあり、これに反対した。松岡外相による修正案は5月21日にアメリカ側に提案されたが、より日本側に有利な内容になっており、それに対してアメリカ側が6月21日に提案した内容はより日本の行動を厳しく批判するものとなった。

岩畔は回想で、交渉においてハル国務長官や井川の旧知のフーバー元大統領から交渉を早く妥結するように促され、「米国政府が独ソ開戦に関する正確な情報を手に入れていること」を確信したという。独ソ戦が始まればソ連は自動的にイギリスおよびアメリカの「敵の敵」つまり味方になるため、アメリカとしては日本に譲歩する必要性が薄れる。客観的に見れば、日米交渉が妥結する可能性があったのは独ソ戦開戦前の1941年春までだったと考えられる。

6月22日の独ソ戦開始前、大島浩《ひろし》駐独大使から独ソ戦確実の情報が入り、これ以降、長年の仮想敵国であるソ連をドイツとともに攻撃することを主張する北進論（陸軍参謀本部中心）と、逆に北方のソ連の脅威が薄れるからこそ資源を求めて南方に進出しようとする南進論（陸軍省と海軍軍令部中心）とが対立した。結局、南進と北進を「両論併記」し「帝国は依然支那事変処理に邁進《まいしん》し且《かつ》自存自衛の基礎を確立する為南方進出の歩を進め尚《なお》情勢の推移に応じ北方問題を解決す」とされた「情勢の推移に伴う帝国国策要綱」陸海軍案が6月24日に陸海軍部局長会議で採択された。

7月2日の御前会議で前述の陸海軍案を基にした「情勢の推移に伴う帝国国策要綱」が決定され、「帝国は本号目的達成の為対英米戦を辞せず」という表現が入れられるが、これは本当に対英米戦をするという決意があって入れられたものではなく、当時の時点では日本の「国策」は「南部仏印進駐は実行、対ソ戦は状況に応じて実施」ということ以外はほとんど未定という曖昧なものでしかなかった。7月3日に南部仏印進駐準備命令（大陸命）が発せられ、14日からフランス政府（ヴィシー政府）との交渉が開始され、最終的に21日にフランス政府は日本軍の進駐を受諾し、28日から進駐が開始された。また7月5日に総兵力約85万人の本格動員が決定され、関東軍特種演習が実行される。しかし南部仏印進駐は東南アジアのイギリス植民地や米領フィリピンを直接脅かすものであり、関東軍特種演習はイギリスの敵の敵であるソ連を脅かしイギリスを危機に陥らせるものであった。

経済制裁による開戦論

アメリカは直ちに経済制裁を実施し、7月25日に在米日本資産が凍結され、8月1日には日本に対する石油輸出が停止された。8月3日の『朝日新聞』夕刊1面には「ル〔ルーズベルト〕大統領、対日目標に石油禁輸強化を発令」「経済断交と同然」という見出しが躍った。同じ紙面には「我方の対策万全　自給体制確立へ邁進」という見出しで「わが方においては日米関係の緊張とともにアメリカ政府がかゝる措置に出ることは予想されたことであり、これが対策はすでに十分検討され、万全の方策が樹立されてゐる」「今後は国内資源の積極的開発、人造石油事業の拡充に一段の努力を傾注し自給体制の確立に進むものと見られる」という解説記事が掲載されている。しかし翌8月4日の朝刊1面には、アメリカのノックス海軍長官が記者団との会見で「日本はどれくらゐの燃料を所有し供給を受け得るのか」という質問に対し「日本は大体において一年や一年半徹底的な戦時消費をやつても困らぬだけの石油、ガソリンの予備貯蔵を持つてゐるといふ印象は受けてゐる」と答えたというワシントン発の記事が「日本の石油貯蔵　一年半分は存在　ノックス長官の言明」という表題で掲載された。これは暗に「日本の石油備蓄は一年半分しかない」ということを示す記事であった。

当時、慶應義塾大学経済学部教授で、海軍省調査課のブレーンを務める一方、陸軍に召集されて陸軍主計少尉として陸軍省に勤務していた武村忠雄は、海軍および陸軍の石油備蓄量を把握しており、それがノックス海軍長官の推測と一致していることを知っていたとみられる。武村は慶應義塾大学教授の肩書で『日本評論』昭和16年9月号に「日米関係今後の見透」という論説を書いてアメリカの経済制裁について詳しく説明し、その結論を以下のように結んでいる。

この重要戦略物資に対する米の圧力に我国は如何《いか》なる程度抗し得るか。特に我国は如何なる程石油を貯蔵してゐるであらうか。勿論《もちろん》その数量は軍事機密であつて吾々《われわれ》の知る所ではない。然《しか》し仮りにノックス海軍長官が八月二日記者団との会見で発表した推測、即ち「日本は大体に於《お》いて一年や一年半徹底的な戦時消費をやつても困らぬだけの石油、ガソリンの戦備貯蔵を持つてゐる」と云ふ推測が正しいとすれば、我国はこの一年乃至《ないし》一年半の間に石油資源の確保と、その開発、精製その輸送施設とを完成する必要に迫られてゐる訳である。従つて米の出方によつて重大決意をなす可《べ》き時期が身近に迫りつつあることを自覚しなければならぬ。

（八月十日記）

日本の石油備蓄はあと一年から一年半しかないという具体的かつ悲観的なデータがあったことにより、逆に一つのチャンスに賭けて「重大決意」（開戦）して石油を確保しなければならないという思考につながったことがわかる。

なお、アメリカの対日経済制裁が発動された直後、日米諒解案の作成に関わった岩畔豪雄大佐が新庄健吉主計大佐が作成した「米国の経済調査報告」を携えて帰国した。新庄の報告自体は現在まで発見されていないが、その抜粋は岩畔の回想のなかで次のように紹介されている。

（主要項目）	（米国）	（日米の比率）
製鋼能力	９５００万トン	一対二〇
石油産出量	１億１０００万バーレル	一対数百
石炭産出量	５億トン	一対一〇

電力	1800kW	一対六
アルミニューム	計画量　85万トン	一対三
	実績量　60万トン	一対六
飛行機の生産計画量	12万台	一対五
自動車生産量	620万台	一対五〇
船舶保有量	1000万トン	一対二
工業労務者	3400万人	一対五

＊数字は原文のまま。とくに米国の電力の数字が具体的に何を指すのか、正確なのかは不明。

8月15日に帰国した岩畔は各方面で帰朝報告を行い、対米戦の回避を訴えたという。帰朝報告の直後、岩畔は南部仏印に進駐する近衛歩兵第五連隊長への赴任を命令され日本を去る。岩畔はこれを対米戦回避を訴えたための左遷であると考えた。なお、岩畔が持ち帰った経済調査報告を作成した新庄健吉は太平洋戦争開戦直前にアメリカで病死している。アメリカの経済力を新庄が調査し、これを基に岩畔が報告し、対米開戦に悲観的だったこと自体は事実であると考えられるが、新庄や岩畔が開戦に絶対反対だったのかは不明である。岩畔とともに日米交渉に携わっていた井川忠雄は1942年3月4日に大蔵公望《おおくらきんもち》（東亜研究所副総裁）に対して、新庄と岩畔の判断について次のように述べている（『大蔵公望日記　第四巻―昭和十七年〜二十年』）。

・故新庄大佐は米国の対日準備は数年遅れており、今戦争しても少しも心配はないと云《い》うていた。
・岩畔大佐も日米の話がどうせまとまらないなら、一日も早く開戦する方が日本の利益だと云う意見であった。

つまり新庄や岩畔が対米戦争に慎重であったとしても、「戦争絶対回避」という意見であったのか、それとも「戦争は避けるべきであるが、もし避けられないのであれば、アメリカの準備が整わず国力の大きさを発揮できないうちに早期に開戦すべきだ」という意見であったのかは判断し難い。

相互不信の増幅とジリ貧論

石油を入手できなくなった日本は8月初旬に1941年中の北進を断念し、9月6日の御前会議で「帝国は自存自衛を全《まっと》うする為対米、（英、蘭）戦争を辞せざる決意の下に概《おおむ》ね十月下旬を目途とし戦争準備を完整す」「外交交渉に依り十月上旬頃に至るも尚我《わが》要求を貫徹し得る目途なき場合に於ては直ちに対米（英、蘭）開戦を決意す」という「帝国国策遂行要領」が決定される。しかし近衛首相はなおも外交による解決を目指し、ルーズベルト大統領との直接会談で開戦を回避しようとしたが、「これをアメリカの新聞が書きたて、日本側にも伝わって、親枢軸派や右翼の連中が騒ぎだし、反米的言辞がやたら横行してしまった」（保科善四郎『大東亜戦争秘史』）。「〔対米〕交渉が停頓したこと、近衛首相が首脳者会談を提議したが米は之に応ぜぬこと等の事実が伝へられ、交渉の前途に対する悲観説が盛んで、新聞雑誌の対英米態度は益々《ますます》強硬となつた」（東郷茂徳《とうごうしげのり》『東郷茂徳外交手記』）。日米交渉がうまくいっていないという報道がさらに日米の相互不信を駆り立てる状態になっていた。

日米交渉に自信を失った近衛文麿首相は辞職し、10月18日に東条英機《とうじょうひでき》内閣が成立する。

昭和天皇から対米交渉に力を尽くすように指示された東条首相は前述の9月6日の「帝国国策遂行要領」をいったん白紙に還元し今後の国策を再検討する。しかし国策の再検討を行った大本営政府連絡会議でも参加者は今後の見通しを悲観していた。日本の指導者たちはアメリカと日本の経済力の格差を十分すぎるほど認識する一方で、このままでは日本の資源（とくに石油）が減少していくこともよく知っていた。当時外務大臣だった東郷茂徳は次のように回想している。

軍部は我方の重要資材の消費状態から計算すると、米英蘭等の経済封鎖が持続する場合日本は当然「ヂリ」貧に陥ることとなる、特に石油に付《つい》て之《これ》を観るに民需方面に於ては極度の戦時規制を為すも昭和十七年六、七月頃には貯蔵皆無となり、軍需方面に在りても一ヶ年を出でずして日本海軍は全く其《その》機能を喪失するに至るであらう、而《しこう》して南方諸地域に於ける米英蘭の軍事的準備が急速に強化せらるゝ状勢と併せ考ふると、交渉決裂の場合英米よりの圧迫は益々増大するものと覚悟しなくてはならない、かくして日本が物資に甚しく難渋する後に於ては米英よりの圧迫を排除するの力なく、戦はんとするも戦ふに非ずして彼れに全面的屈伏を為すの外ないことになるから、我方が猶《なお》有力なる態勢にある間に決意する必要がある、尚又作戦遂行の必要上から見れば十一月末には開戦することを決定して置くことが必要だとの主張であつた。

（東郷茂徳『東郷茂徳外交手記』）

こうした観点から10月末から11月にかけて大本営政府連絡会議で議論が繰り広げられ、日本側から見れば南部仏印や中国からの条件付きの撤退という譲歩を盛り込んだ「甲案」「乙案」を日米交渉に提示しつつ、12月1日午前0時までに交渉が成立しなければ12月初めまでに開戦することが11月1日から2日にかけての大本営政府連絡会議で採択され、5日の御前会議で正式に決定された。東郷外相は来栖《くるす》三郎《さぶろう》をアメリカに派遣して野村大使とともに交渉させるが、すでに東郷外相からの請訓の暗号を解読していたアメリカは、日本側の案の内容よりも日本が交渉に期限を切っていることを最後通牒とみなしていた。

原則論の応酬と開戦

11月17日、第77回帝国議会で東条首相と東郷外相は施政方針演説を行った。東条は衆議院での演説のなかで、「帝国の当然なる自衛的措置」である南部仏印進駐に対して「資産凍結を行ひ、事実上全面的禁輸に依り、帝国を目標として経済封鎖を実施致しまするると共に、其の軍事的脅威を急速度に増加して参つたのであります、蓋《けだ》し交戦関係にあらざる国家間に於ける経済封鎖は、武力戦に比しまして優るとも劣らざる敵性行為であることは言を俟《ま》たないのであります」とアメリカによる経済制裁を強く批判した。日本は「忍び難きを忍び、耐へ難きを耐へ」外交交渉により事態を平和的に解決しようとしてきたとし、日本の「期する所」として「第三国が帝国の企図する支那事変の完遂を妨害せざること」「帝国を囲繞《いにょう》する諸国家が帝国に対する直接的軍事的脅威を行はざることは勿論、経済封鎖の如き敵性行為を解除し、経済的正常関係を恢復《かいふく》すること」「欧洲戦争が拡大して禍乱の東亜に波及することを極力防止すること」の三つの原則を挙げ、「断乎として帝国既定の国策を遂行致しまするに萬遺憾なきを期し仍《よっ》て以《もっ》て帝国の存立を全うせんとする固き決意を有して居ります」と、三原則の貫徹に強い決意を表明した。

続く東郷茂徳外相は「平和を念とする帝国は茲《ここ》に思ひを致しまして、本年四月以来米国政府との間に、日米問題の根本的調整に関する話合を行ひ来つた」こと、しかし「前内閣」（近衛内閣）では「本年夏以後に於ける情勢の逼迫」によって意見の一致が見られなかったが、現内閣においても「国際危局を救済し、太平洋の平和を維持せんが為め、右日米会談を継続するに決定し、爾来《じらい》交渉中」であることを明らかにした。東郷は「本件交渉の妥結も決して不可能ではないと考える」と日米交渉の成立に期待を述べる一方、「我が方の協調的態度にも自ら限度があり事苟《こといやしく》も帝国の生存を脅かし、又は大国としての権威を毀損することとなるが如き場合には、飽《あ》くまで毅然たる態度を以て之を排除せねばならぬことは勿論でありまして」、十分な決意で交渉に臨んでいるとした。

議会議事録を見る限り、東条よりも東郷の方が日米交渉の妥結に意欲的な発言をしているが、翌18日の『朝日新聞』夕刊1面では、東条の演説は「首相、外交三原則を闡明《せんめい》」「敵性行為を断乎排除」「戦火波及は極力防止」「事変完遂妨害許さず」、東郷の演説は「対米協調限度あり　交渉長時間を要せず」といった見出しで大きく報道された。また1面中央には目立つように線で囲まれた次の解説が掲載されている。

我が方針を認めずば
　帝国政府重大決意
　　首、外相　対米決意を明示

東条首相の施政方針の演説と東郷外相の外交方針の演説は、いづれもワシントンにお

夕刊
朝日新聞
首相 外交三原則を闡明
首相施政演説
敵性行爲を斷乎排除
戰火波及は極力防止
事變完遂妨害許さず
けふ貴族院で施政方針演説の東條首相
重ねて勅語を賜ふ
政府鞭撻決議案
滿場一致で可決
外相演説
對米協調限度あり
交渉長時間を要せず
演説中の東郷外相
我が方針を認めずば
帝國政府重大決意
首、外相 對米決意を明示

『朝日新聞』1941年11月18日付夕刊

ける日米交渉に重点がおかれ、わが方針を闡明するとともに、もしわが方針にして認められない場合は、帝国政府として重大なる決意あることが明かにせられた、即《すなわ》ち対米交渉にたいしては、不動の国民的確信である「対米交渉三原則」が東条首相によつて明かにせられ、東郷外相によつてもまた日米交渉はこの四月の交渉開始以来すでに八箇月となり、彼我の意見は全く出尽し、今後の交渉はもはや「長時間を要せず」交渉結末も次第に近づきつゝあることが明白にせられた

翌11月19日の『朝日新聞』朝刊1面には

本社とワシントンの河野特派員との国際電話のやり取りの記事「日米会談を聴く」が掲載されているが、「十七日の東条首相と東郷外相の演説の反響とその日米会談におよぼす影響はどうか」という本社側の質問に対し、特派員は報道が「非常に非妥協的だといつてゐる」と答えている。記事の見出しは「我を非妥協呼はり　米、両相演説を気に病む」というものであり、17日の「外交三原則」にアメリカ側がどう反応するか関心が持たれていたことがわかる。

首相と外相の施政方針演説の内容だけでなく、新聞の報じる見出しや内容、そして日本が交渉の期限を切っていると暗号解読で判明している事実を併せて考えると、日本は「非妥協的」であり、「三原則が受け入れられなければ交渉を打ち切って開戦する」という事実上の最後通牒を示しているとアメリカから受け止められても仕方がなかった。

11月26日（日本時間27日）、ハル国務長官から野村・来栖両大使に、岩畔らの日米諒解案のときからのアメリカの基本的な立場であるハル四原則（領土・主権の不可侵、内政不干渉、通商機会平等、平和的手段による紛争解決）に加えてその具体的措置（イギリス・中国・日本・オランダ・ソ連・タイ・アメリカ間の不可侵条約の提案、日本の仏印および中国からの撤兵、蔣《しょう》介石《かいせき》政権の承認、日米双方の資産凍結解除、日独伊三国軍事同盟の実質的破棄など）を示したいわゆる「ハル・ノート」が提示され、日本は最後通牒と受け止め、開戦を決定する。ハル・ノートそのものは開戦前には公表されなかったが、海外ではリークされて報道されており、大まかな内容については日本でも国民に知らされていた。『朝日新聞』の11月29日の社説「日米交渉と原則論」では、事実上ハル・ノートの内容を紹介したうえで、次のような主張がされている。

> もしもこの期《ご》におよんで米国が最初からの原則論を蒸し返す気であるなら、一つことは同じことで、交渉は全然出来ない相談であるのである。我国として日米間に太平洋の平和を維持し、延《ひ》いて世界平和のために、最後の瞬間まで最善の努力を致すべきことは、こゝに改めて説くまでもないことである。しかしながら、今日において、四囲《しい》の情勢の逼迫は一触即発を思はしめ、決して日米交渉の徒《いたず》らなる遷延《せんえん》を許さない。従つて我国自身、便々《べんべん》として平和を希求するといふ如き出処進退は、最早《もは》や許容されなくなるのである。

結果として、日本とアメリカは交渉をすればするほど交渉内容と実際の両国の行動とのギャップが顕在化し、さらに交渉を行っていることが報道されること自体が相互の不信感を増幅していき、最後は原則論の応酬となって開戦することになる。

〔参考文献〕

東郷茂徳『東郷茂徳外交手記』（原書房、1967年）
『大蔵公望日記　第四巻』（内政史研究会・日本近代史料研究会、1975年）
保科善四郎『大東亜戦争秘史』（原書房、1975年）
塩崎弘明『日英米戦争の岐路』（山川出版社、1984年）
須藤眞志『日米開戦外交の研究』（慶應通信、1986年）
岩畔豪雄『昭和陸軍謀略秘史』（日本経済新聞出版社、2015年）
牧野邦昭『経済学者たちの日米開戦』（新潮選書、2018年）

村井良太　むらい・りょうた　**第12章**
1972年香川県生まれ。神戸大学大学院法学研究科博士課程修了。博士（政治学）。駒澤大学法学部教授。著書に『政党内閣制の成立　一九一八～二七年』有斐閣、『佐藤栄作』中公新書など。

玉井　清　たまい・きよし　**第13章**
1959年東京都生まれ。慶應義塾大学大学院法学研究科政治学専攻博士課程修了。法学博士。慶應義塾大学法学部教授。著書に『原敬と立憲政友会』『第一回普選と選挙ポスター』ともに慶應義塾大学出版会など。

牧野邦昭　まきの・くにあき　**第14章**
1977年新潟県生まれ。京都大学大学院経済学研究科博士後期課程修了。博士（経済学）。慶應義塾大学経済学部教授。著書に『柴田敬』日本経済評論社、『新版　戦時下の経済学者』中公選書など。

小山俊樹　こやま・としき　第6章
1976年広島県生まれ。京都大学大学院人間・環境学研究科博士後期課程修了。博士（人間・環境学）。帝京大学文学部史学科教授。著者に『五・一五事件』中公新書、『憲政常道と政党政治』思文閣出版など。

樋口真魚　ひぐち・まお　第7章
1988年神奈川県生まれ。東京大学大学院人文社会系研究科博士課程修了。成蹊大学文学部国際文化学科専任講師。著書に『国際連盟と日本外交』東京大学出版会。

菅谷幸浩　すがや・ゆきひろ　第8章
1978年茨城県生まれ。学習院大学大学院政治学研究科博士後期課程単位取得退学。博士（政治学）。亜細亜大学法学部・高崎商科大学商学部兼任講師。著書に『昭和戦前期の政治と国家像』木鐸社。

筒井清忠　（別掲）　第9章

岩谷　將　いわたに・のぶ　第10章
1976年大阪府生まれ。慶應義塾大学大学院法学研究科博士課程単位取得退学。博士（法学）。北海道大学大学院公共政策学連携研究部附属公共政策学研究センター長・教授。共著に『日中戦争史研究の現在』東京大学出版会、『日中戦争と中ソ関係』東京大学出版会など。

佐藤卓己　さとう・たくみ　第11章
1960年広島県生まれ。京都大学大学院文学研究科博士課程単位取得退学。博士（文学）。京都大学大学院教育学研究科教授。著書に『輿論と世論』新潮選書、『ファシスト的公共性』岩波書店など。

執筆者一覧

髙杉洋平　たかすぎ・ようへい　第1章
1979年愛知県生まれ。國學院大學大学院法学研究科博士後期課程修了。博士（法学）。帝京大学文学部史学科講師。著書に『宇垣一成と戦間期の日本政治』吉田書店、『昭和陸軍と政治』吉川弘文館。

奈良岡聰智　ならおか・そうち　第2章
1975年青森県生まれ。京都大学大学院法学研究科博士後期課程修了。京都大学公共政策大学院教授。著書に『加藤高明と政党政治』山川出版社、『対華二十一ヵ条要求とは何だったのか』名古屋大学出版会など。

福家崇洋　ふけ・たかひろ　第3章
1977年徳島県生まれ。京都大学大学院人間・環境学研究科博士後期課程研究指導認定退学。博士（人間・環境学）。京都大学人文科学研究所准教授。著書に『日本ファシズム論争』河出書房新社、『満川亀太郎』ミネルヴァ書房など。

畑野　勇　はたの・いさむ　第4章
1971年千葉県生まれ。成蹊大学大学院法学政治学研究科博士後期課程修了。博士（政治学）。学校法人根津育英会武蔵学園勤務。著書に『近代日本の軍産学複合体』創文社など。

熊本史雄　くまもと・ふみお　第5章
1970年山口県生まれ。筑波大学大学院博士課程歴史・人類学研究科中退。博士（文学）。駒澤大学文学部教授。著書に『近代日本の外交史料を読む』ミネルヴァ書房、『幣原喜重郎』中公新書など。

筒井清忠　つつい・きよただ
1948年大分県生まれ。京都大学大学院文学研究科博士課程単位修得退学。博士（文学）。帝京大学文学部長・大学院文学研究科長。東京財団政策研究所主席研究員。著書に『戦前日本のポピュリズム』中公新書、『天皇・コロナ・ポピュリズム』ちくま新書、編著に『昭和史講義【戦後文化編】上・下』ちくま新書など。

朝日新書
889

昭和《しょうわ》史《し》研究《けんきゅう》の最《さい》前《ぜん》線《せん》

大衆・軍部・マスコミ、戦争への道

2022年11月30日第1刷発行

編著者　筒井清忠

発行者　三宮博信
カバーデザイン　アンスガー・フォルマー　田嶋佳子
印刷所　凸版印刷株式会社
発行所　朝日新聞出版
〒104-8011　東京都中央区築地5-3-2
電話　03-5541-8832（編集）
　　　03-5540-7793（販売）

Published in Japan by Asahi Shimbun Publications Inc.
ISBN 978-4-02-295194-6
定価はカバーに表示してあります。
落丁・乱丁の場合は弊社業務部（電話03-5540-7800）へご連絡ください。
送料弊社負担にてお取り替えいたします。

朝日新書

この世界の問い方
普遍的な正義と資本主義の行方

大澤真幸

中国の権威主義的資本主義、コロナ禍、ロシアによるウクライナ侵攻。激変する世界の中で「適切な問い」を立て、表面的な事象の裏にある真因を探る。未来をより良くする可能性はどこにあるのか？　大澤社会学が現代社会の事象に大胆に切り結んでいく。

進路格差
〈つまずく生徒〉の困難と支援に向き合う

朝比奈なを

新卒主義でやり直しがきかない日本社会は、高校卒業時の選択がその後の命運を握ってしまう。大学・専門学校の実態から、旧態依然とした高校生の就活事情まで、進路におけるさまざまな問題を指摘し教育と労働のあり方を問う。

歴史を読み解く城歩き

千田嘉博

全国に三万カ所以上あった中・近世の城郭跡。自然に触れて心が豊かになり仕事への意欲もわく。いいことずくめの城歩き。歩けば武将たちの思いも見えてくる。全国の城びとを応援する著者による城歩き指南決定版。朝日新聞好評連載等をもとにまとめた一冊。

昭和史研究の最前線
大衆・軍部・マスコミ、戦争への道

筒井清忠／編著

世間は五・一五事件の青年将校を「赤穂義士」になぞらえて称賛した！　軍部とマスコミに先導された〝大衆世論〟の変遷から戦争への道筋を読み解く、最新研究に基づく刺激的な論考。ウクライナ戦争、米中対立など国際情勢が緊迫化する今こそ読まれるべき一冊！